アンドレ・ヴォジャンスキー

ル・コルビュジエの手

白井 秀和 訳

中央公論美術出版

Les Mains de Le Corbusier
by
André Wogenscky
Original edition © Editions de Grenelle, Paris 1987
© F.L.C./ADAGP, Paris & SPDA, Tokyo, 2006
Japanese edition published by Chuo Koron Bijutsu Shuppan, Tokyo
Translated by Hidekazu Shirai
Copyright © 2006 by Chuo Koron Bijutsu Shuppan

Arranged by Marta Pan
through Toppan Printing Co.,Ltd.,Tokyo
ISBN4-8055-0530-3

目　次

背　丈	5
巨匠の手	7
足　音	8
性　格	9
両の手	11
さわること	13
つかむこと	14
からだ	15
努　力	16
苦　味	18
蛇　行	21
海	23
率直さ	24
自己形成	27
開いた手	29
ピカソ	31
純粋無垢	33
ひとりと沈黙	36
喜　び	38
直観力と冷静さ	40
巨匠の仕事ぶり	42
手は描く	47
包　み	48
家と太陽	49
まとまり	50
輝く都市	51
もうひとりの建築家	54
歴　史	55
普　遍	58
機能主義	60
機　械	62
ユートピア	64
進　歩	66
空　間	69
かたち	72
美しい	74
がらんどう	76
表　皮	78
贈りもの	80
ナンジェセールとコリ	82
ル・コルビュジエの母親	85
光	87
モデュロール	89
音　楽	95
詩	99
生　成	101
連続体	103
美的な状態、詩的な状態	104
言葉に尽くしがたい空間	106
直　角	108
原注および引用文献	113
訳注	118
訳者あとがき	134

背　丈

　1936年の末、ひとりの若い建築学生が、パリのセーヴル街35番地を訪れた。彼は一階の長い廊下を歩いてゆき、薄暗くてボロボロの小さい階段を昇った。そして、不安げに、ル・コルビュジエのアトリエの入り口の前に立ち止まった。
　もしかしたら、このドアを開ける勇気もないまま、出直すことになるかもしれなかった。これからの人生のすべてが、今、この決断に深く関わるであろうことを、彼は知る由もなかった。彼はドアを開け、なかに入った。
　こわい顔をしたひとりの秘書が、彼のところにやって来た。彼は尋ねた。《ル・コルビュジエ先生に、いつでもいいですから、数分でも会わせていただくことはできませんか》。秘書は《それは無理よ。先生はとってもお忙しい方だから。でも聞いてみるわ》と言った。彼女はその場を立ち去ったが、戻って来なかった。ところがなんと、ル・コルビュジエその人が現われたのだ。
　こうして、彼はル・コルビュジエを目の当たりにした。
　この初対面の出会いに関して、彼には奇妙な思い出がある。驚くべきことに、ル・コルビュジエは彼より小さかったのだ。ル・コルビュジエが書いた『建築をめざして』を読んでいた彼は、ル・コルビュジエの考えや計画案の虜になっており、そのうえル・コルビュジエが非常に大きな人であると思い込んでいたため、たとえル・コルビュジエの背丈が五、六メートルあったとしても、驚くことはないと思っていた。ところ

が、ル・コルビュジエはまったく飾り気のない純朴な人で、そのおずおずした若い学生よりも小さかったのだ。

　それからすぐに、一時間半ほど、ル・コルビュジエは彼と面談した。ときに熱っぽくときに淡々と、ル・コルビュジエは、彼の秘書よりはずっと親密な態度で、この学生に質問し語りかけた。そしてその晩、夕食が終わるとすぐに、この若い学生はドラフトマンとしてアトリエで働き始めた。まさか、自分がル・コルビュジエとともに二十年ものあいだ働くことになり、また、三十年にもわたる深い知己の間柄になるとは夢にも思わなかったのだ。

巨匠の手

　同じ日に、ル・コルビュジエが《やあ》と呼びかけて手を差しだしたとき、おずおずとしたこの若い学生は、自分の手をル・コルビュジエの手のなかへとすべらせた。彼の手は巨匠の大きな手にすっぽりと包まれてしまった。
　手に記憶する力があるのだろうか？
　今、この文章を書きすすめつつ、かつての若い学生は、あのとき強く握りしめてくれたル・コルビュジエの手のぬくもりが、今もなお、自分の手のなかにしっかりと残っているのを感じるのだ。

足　音

　音の思い出。それはル・コルビュジエがセーヴル街35番地のあの長い廊下を行き来するときに、敷石と奏でた足音である。この廊下はまた、1965年の9月1日の晩に、ル・コルビュジエの遺体が、黒と白と赤でいろどられたタペストリーの前で、青・白・赤の三色旗に包まれて数時間横たわっていた場所である。それは、半世紀ものあいだ毎日ル・コルビュジエが、建築に取り組むために、静かで規則正しい足音で行き来した廊下なのだ。

　このゆっくりとした規則正しい足音は、ル・コルビュジエの性格のもつリズムそのものである。厳格で、緩やかで、物静かで、規則正しく、きっちりとした、彼の手になる建物の構造が、空間のなかで跡づけたリズムなのである。ル・コルビュジエが詩情を挿入したリズムなのである。

　本当は早足だったのに、緩やかなように聞こえた足音だった。

性　格

　ル・コルビュジエの歩調はまさしく、几帳面で頑固だが、ちぐはぐな面もあった、彼の性格のリズムそのものである。自分自身の場合も作品の場合も同様に、本来両立しないものを両立させることは、天才たちに固有のことではなかろうか。ル・コルビュジエの性格は、対立するもの同士を結びつけるのである。ル・コルビュジエは頑固で、怒りを表に出そうとはしないものの、ときに暴力的ですらあった。そのくせ、穏和でやさしくさえもあった。ル・コルビュジエは力があるから穏和だったのである。彼は高慢だったが、しかし、慎み深くもあった。しばしば自分自身を疑ってもいた。彼は親しい協力者を呼び寄せて言った。《私は間違いを犯しつつあるのではないか？　マルセイユのユニテ・ダビタシオンの居住者は幸せになるのだろうか？　君は輝く都市で生活をしたいと思うかい？》ル・コルビュジエの士気を高めるのは、彼の傍らにいる、私という若輩の助手だったのだ。

　ル・コルビュジエは何度か愚痴っていた。朝目覚めると、馬鹿になっていて愕然とした。だが、いろんな奴と会っているうちに、夕方には、彼らほど馬鹿ではないと思うようになったと。

　平静で神経質。高飛車で臆病。好戦的で平和的。頑固で物分かりがいい。厳しくて甘い。行動的で観想的。自己中心的で寛容。高慢で慎み深い。デカルト主義者にして神秘主義者。堅実で涙もろい。明晰で無邪気。また、社会や政治の問題に

積極的に関与したものの、政治的にも社会的にも自由であった。独自の人間だったのだ。

両の手

　ル・コルビュジエといるとき、また、彼の言葉を聞くとき、わたしたちは彼の顔を見つめた。そして彼が微笑むのを待った。ル・コルビュジエが喜んでいることを願ったからである。わたしたちは彼と同じものを見ようとした。わたしたちはル・コルビュジエの唇を見つめたが、その襞には、苦々しさやわずかの失望感が漂っていた。ときおり、ル・コルビュジエの顔は自らの精神生活を守るために、こわばっていた。重々しく物思いに沈んだ顔であった。本当のル・コルビュジエはどこか遠いところにいたのだ。

　そのようなとき、私は、彼の顔から手に視線を落とした。そこに、ル・コルビュジエを見つけたのである。彼は両手によって自らを明らかにしていた。彼の手が隠されたル・コルビュジエを外に表わしているように思われた。彼の手は喜怒哀楽を、すなわち彼の顔が隠そうとしているまさに精神生活の揺らめきを、物語っていたのだ。

　力強く大きな両の手。彫刻刀で彫ったような、とても深い皺の刻まれた大きな手。筋肉質の指。感動に震え、生気に満ちた手。包み込むような手。

　いく千もの細かい筋を連ねてできた掌紋によって、ル・コルビュジエが自らデザインしたと思われるような手。その細かな筋は、はっきりとした精緻な線——空間のなかにかたちを縁取り、明確にする固有の輪郭——を求め合っているように思われた。ついには、それらは画定されたのである。ル・

コルビュジエの手は躊躇しているかに見えたが、まさしくそこから明確さが生まれでたのだ。ル・コルビュジエの手は、その思考のように、常に探求する手であった。彼の手からは、彼の不安や失望や感動、そして希望が読み取れたのだ。

　ル・コルビュジエの作品のすべては、その両の手のうちにあり、まさにその両の手が、作品を描きだすことになるのであった。

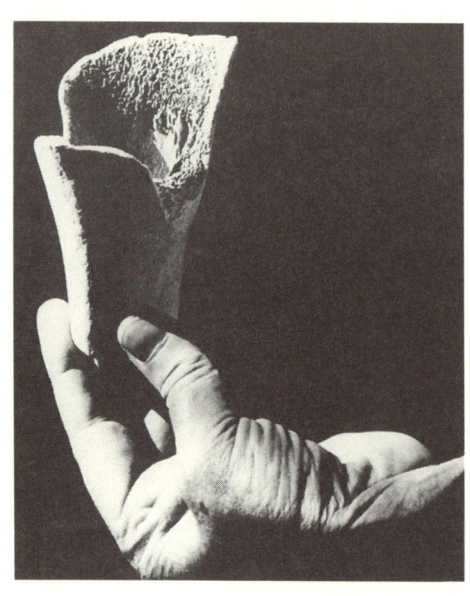

さわること

　さわってつかむことが大好きな手。
　ル・コルビュジエは小石をいくつも集め、どんなかたちをしているか知るために、手のなかで小石をさわってみる。アトリエ内の彼の小さな仕事机の上には、いかにも骨髄がいっぱい詰まったような、大きな骨が一本あった。しばしば彼は、その骨を手に取って指でつかみながらしげしげとながめては、皆に見せびらかす。どうやら、この骨の内部を斜めに通っているいく筋もの硬い繊維を見せたいようだ。ル・コルビュジエはこの骨の構造について語るものの、ただ見るだけでは満足せず、指で直接その構造を確認するのだ。
　彼の手には、彫刻刀と鉛筆と筆がある。道具は手から自立してはいないが、触覚をのばしてくれる。道具は、彫られるものや描かれたり塗られたりするものを、あるいは書き記されるものさえをも、さわることを可能にするのだ。
　《手のなかの道具たち
　　手の愛撫
　　手をきつく握りしめることで
　　味わわされる生命。
　　触覚のなかの視覚》[1]

つかむこと

　手はものをつかんで握りしめる。
　マルタと私は、パックという名のシェパードを飼っていた。いつものようにル・コルビュジエが、サン＝レミ＝レ＝シュヴルーズの拙宅にやって来たとある日のことである。ル・コルビュジエはこの犬を愛撫したまではよいのだが、やがて、片手をパックの首筋にあてがい、くるむようにし、少しずつ首をしめていったのだ。パックは唸り声をあげ始めた。《コルビュ、どうして首をしめるんです。咬みつかれちゃいますよ》。するとコルビュはこう答えたのだ。《何処までやれるか確かめるのが好きなんだよ》。
　互いに人間として向き合うようなとき、ル・コルビュジエはたいてい相手をとことん見極めようとした。そして、ときおり、ちょっとやりすぎるくらい相手を《しめ上げて》しまうのである。

からだ

　ものを知り、ものをつかむために、ものを握りしめる手。手は知識と存在の源泉である。ル・コルビュジエは、目によってだけではなく、さわることのできる手によってもまた知覚される、物体の厚みとそこにかよっている生命とを好んだ。彼は女性のからだを好んだ。女性のからだをデッサンし、しばしば一幅の絵に仕立て上げた。生命というものは、それがまとうさまざまなかたちを、内側からふくらませるがゆえに、女性のからだはいく分か豊満に描かれた。また、女性はル・コルビュジエにとっては必要不可欠な補足であり、自分自身のかたちを仕上げてひとつのものにまとめ上げることのできる、もうひとつのかたちなのである。

　《人間の腹には、上から下まで通った一本の永遠の裂け目がある。人間は半分の存在でしかなく、もうひとつの半分がなければ生命を生かすことはない。このもうひとつの半分がやって来て、互いが結び合わされるのだ》[1]

　思考はすべて、からだやヴォリュームやかたちと繋がっている。からだと思考のあいだに垣根などない。見たり触れたりすることで、かたちは思考を豊かにするのだ。そして思考は、手のおかげで、はっきりとしたかたちとなって外に現われでるのである。

努　力

　ものをつかんで放さないよう、握りしめられる手。奉仕する手。障害に直面して引きしまる手。そして、努力へ向けて、緊密になる思考。
　《充実した時間を過ごしていたかどうかを知るために、日なが一刻一刻、苦しみあえぎながら己れの考えを研ぎ澄ますことのない者には、何も残らないのです》[2]。
　ル・コルビュジエの一生はまさしく、努力と頑固と粘り強さと意思とで表わされる。二十一歳のとき、彼はすでにこのことを知っていた。
　《今さら申し上げるまでもないことですが、僕の生活は、少しも愉快なものでなく、きつくて避けることの叶わない仕事で埋もれているのです。なぜなら、少年時代の彫刻師の身分から、漠然とですが、自分なりに思い描いてみた、この建築家という職業につくためには、とてつもない一歩を踏みださなければならないのですから。…でも僕は、自分が何処に行くのか分かっているので、――喜びいっぱいに勝ち誇ったような興奮のなかで――この一歩を踏みだす努力ができると思います》[2]。
　さらに、こうとも。《――精神的な充実に引き起こされた――僕のなかの力が、お前にはできる！　と、僕を叱咤激励するとき…》[2]
　生みだすこと。それは努力することであり、この努力を持続させることなのだ。1951年の11月6日、インドのパンジャ

ブ州にいたとき、ル・コルビュジエはパリのセーヴル街のアトリエの所員たちに次のように書き送った。

《…ここではすべてが面白い。ここでの仕事は、ひとりの小さな子供とか一頭の仔象とかの相手をしているかのようだ。ことを始めるのは比較的簡単なのだから。だけど、女性あるいはマダム・エレファントすなわち母親の象をどうしても目にしてしまうんだよ。そう、産みおとすためには、押さなきゃだめなんだ！！！》[3]

おそらくル・コルビュジエは昔、セネカの次のような文章を読んでいたのだと思う。

《われわれが勇気をもってやろうとしないのは、ことが困難だからではない。ことが困難だという理由をつけて、ことにあたろうとはしないのである》[4]。

苦　味

　そう、ル・コルビュジエの表情には、しばしば苦渋が見られる。口元がかすかに引きつり、遠くの方を見つめるのだ。表情は固くなり、心が周りにいる人々からどんどん離れていくのである。

　そのとき、ひとつのきわめて大きなル・コルビュジエの生涯に、たくさんの苦渋があったことに驚かされるのである。おそらく、ル・コルビュジエの人生の隠された部分には、失望感が広く横たわっていたのであろう。仕事のうえで確かに多くの失望を味わった。多くの妨害や紋切り型の批判を受け、敵意や悪意にさんざんでくわした。誠意のかけらもない扱いをいやほど受け、自分のさまざまな発想を具体的に組み上げて実現しようとする夢は、何度も挫折した。それでも、途方もない成功が待っていた。世界的な名声を急速にかちえたのだ。現代の建築と都市計画の全体に及ぼした著しい影響。引きも切らぬ賞嘆者と熱く語るあまたの証言者。大勢の友人たち。ル・コルビュジエの許で働くことで決めた一団の若者の各人各人。そして、多くの男女によって彼に託された厚い信頼。

　それなのになぜ、ル・コルビュジエのこわばった唇や悲しそうな目には、あの苦味の感覚があるのか？　おそらくそれは、天才には、成功のかなたに、叶えることのできない満ち足りない思いがいつもあるという、まったく単純な理由からだと思われる。おそらく絶えずよりよいものをつくろうとす

る思いや、それと裏腹に、最上のものをもはや自分のなかから引きだすことができないというあの失望感のせいなのであろう。ル・コルビュジエの心のなかには、建築家よりも重要だと思っていた画家の存在があったのだ。彼は、自分のことを、ほとんど偶然に、ひょんなことからなった、おまけの建築家と考えていたのである。

《十三歳半ばのとき私は、懐中時計ケースの彫刻師として見習い奉公に出された。ポケットに入れる厚みのある丸い時計の背を凹版彫刻で装飾する仕事であった。奉公期間は四年であった。三年目の終わりに、私の師匠のひとり（それは注目すべき人物であった）が、このぱっとしなくて辛い仕事から少しずつ私を解放してくれた。彼は私を建築家にしたいと思っていた。私は建築とか建築家とかは大の苦手であった。レプラトニエという名のこの師匠は、私に、卓抜な創造活動の拡がりを示していた《1900年の芸術運動》について、あれこれと教えてくれたのだ。この運動は自然や、いろいろな形態や、様式（すなわち思考の流儀）の再来を謳っていた。だが方向転換の道のひとつに、絵画があったのだ！！！…
――「いや、絶対に君には絵の才能がない！」とレプラトニエは私に言ったのだ！（彼自身が画家だった）。私はまだ十七歳で、この審判を受けいれて従うほかなかった。こうして私は建築の世界に足を踏み入れたのだ》(5)。

ル・コルビュジエは最初は画家になった気でいた。建築家

よりも、偉い画家に見られたいと願っていたのだ。そして、その生涯にわたって彼は、この二重の存在とそれに伴う失望を、その精神生活の奥底にかかえ続けていた。生涯ずっと、このことでときおり心を痛めたのである。
　だが、彼はひとりの存在でしかない。《同時に生じるこれら二つの存在は、まるで、一本の棒の両端のようだ》[6]。
　そしてまた、ル・コルビュジエを特徴づけているのは、この苦渋を越えた力であり、日毎この苦渋に打ち勝つ戦いなのである。そうすることで、彼の表情は再び活気づき、口元にまた笑みが浮かび、目に元通りの光が戻るのだ。そして手がデッサンを再び描くのだ。
　ル・コルビュジエは大河の蛇行を描く。

蛇　行

　ル・コルビュジエは飛行機のなかから蛇行を見つめる。蛇行の様子をスケッチブックに何枚も描く。大河は、平らな土地の上を曲がりくねって流れている。大河は曲線を描きながら、ゆっくりと進む。そして、これらの曲線は丸味を帯びてやがて円になるのだ。曲線の川上では、土砂が堆積し、川下では水が少しずつ河岸を穿っていく。こうして、何百年ものあとには、曲線が合流して、まっすぐな道が穿たれ、大河は蛇行をやめて、一直線に流れてゆくのである。

　《大河の蛇行こそが、おそらくは（人生の）道のりが、ときおりとても長く、とても起伏が多く、とても不条理であることを意味するのである。人生とは、複雑な事態やもめごとがくねくねと続くものなのである》[7]。

　こうした複雑な事態やもめごと、そして挫折や失望など、勿論しょっちゅうである。しかし、強靭さや粘り強さがル・コルビュジエにはあった。彼は決して落胆しないことをきっぱりと心に決めていたようだ。前向きに生きるという彼の態度から私は、勇気をもち、やる気をなくさないことの大切さを理解することができた。そしてまさしく、いやというほどの失望を味わってこそ、いくばくかの満足が得られるのである。

　蛇行。それは、たゆまぬ努力によって培われたル・コルビュジエの人生の姿そのものなのだ。障害を巧みに回避すること。それにもまして、あきらめないこと。深く掘り下げて、

行くべき道を見つけるために、穴を穿つこと。常に穴を穿つこと。次には、紆余曲折や失望や苦渋や悪意をうしろに捨て去り、まっしぐらに進んで、人生を、永遠なる誕生を、喜びを見いだすのだ。
　女のように、男のように、大河は自らが受け取るもの、すなわち水源や支流やたえまのない流れからつくられる。これらのもので大河は自らのかたちを描き、次には、これらのものを海へと運んでゆくのだ。

海

　障害を前にしたり苦境に陥ったりして、身をこわばらせたあと、思考と意思とによって導かれた手は、再び開いてやり直すのだ。
　ちょうど海のように。
　《海は、規則正しく潮の干満をくり返す。新しい時が開かれ、段階、期間、交替が一新するのだ。
　そのときわたしたちは、自分の人生から逸脱したまま、腰を下ろし続けたことにはならないであろう》[1]。

率直さ

　再び開く手。それは率直さと誠実さの象徴である。私はここにいる。あるがままの私を受けとめておくれ。それは、ごまかすこともいつわることもできない手なのだ。
　《……嘘は耐え難い。嘘をつくことで身は滅ぶのだ》[8]。
　ル・コルビュジエは建築に関わる嘘を憎んだ。嘘をつく恐怖に耐えきれず、ロンシャンの礼拝堂をつくることを拒否していた。
　ドミニコ会の修道士たちがル・コルビュジエに、とある丘の頂きに建つこの礼拝堂の建築家になってくれるように頼んだ。これは、ヴォージュ山地の最南方に位置する丘でロンシャンと言った。ここには、何世紀も前から神を礼拝する場所が存在しており、ひと堂の巡礼用の礼拝堂が建っていた。しかし、第二次大戦の戦火によって破壊されてしまったのである。ル・コルビュジエはこの依頼を断わった。彼は今まで、教会堂も修道院も、とにかく宗教建築といわれるものは一切建てたことはなかったのだ。ル・コルビュジエは自分がカトリック信者ではなく、スイスのプロテスタントの一家に生まれたことを理由に、断わったのだ。彼の母親は信者としての勤めをきちんと果たしていたし、ル・コルビュジエ自身はプロテスタントの教育を受けていたのだ。しかし彼自身は不可知論者であった。神が存在するかどうかなんて分からないし、たとえそうであっても、《分からない》と言うこと自体が精一杯に誠意であることのあかしだ、と彼は言っていた。

ル・コルビュジエは応えた。《いいえ、私には教会堂、ましてやカトリックの礼拝堂を建てる権利などありません。私はカトリック教徒ではありません。カトリック教徒の建築家を雇うべきです》。ある日、彼は私を自宅に呼びだした。彼は私にこう言った。《クチュリエ神父というお方が、私と昼食を共にしに来られるのだ。わたしたちは、神父が私に建ててもらいたいと思っているが私自身は断わっている例の礼拝堂のことについて話し合わなければならないんだ。だからヴォジャンスキー、君も来て、昼食を一緒にとってくれないか》。
　私はこの日の、異様な会議に同席したのだ。私はこの会議のことを思い出すといつも身震いする。私自身は何も言わなかった。私は、大理石のテーブルの端にすわり、右側には豪勢な白い法衣を着たクチュリエ神父が、左側には壁を背にして、自分の主張を押しとおしているル・コルビュジエがいた。《私には権利がありません！　カトリック教徒の建築家を雇ってください》。だがクチュリエ神父は、ル・コルビュジエに依頼するという決定が、ル・コルビュジエが宗教心とは関わりのない人間であるという事情をよく知ったうえで下されたことを説明した。最後に神父は彼にこう言ったのだ。《しかしル・コルビュジエさん。あなたがカトリック教徒でないことなど私にはどうでもいいのです。わたしたちには、偉大な芸術家が必要なのです。礼拝堂にやって来る信者たちにあ

なたが体感させるであろう美という名の強い感性によってこそ、信心深い人々が、自ら求めにやって来るものを見いだすことが可能になるのです。建築芸術と霊性とがひとつにまとまり、カトリック教徒の建築家に頼んだときよりもはるかに見事に、わたしたちの目的が、あなたによって達成されることになるのです。なぜなら、あなたと違って彼は、元の教会堂そのままの模写物をつくり上げることが使命だと思い込んでいるからです》。ル・コルビュジエは数秒間じっと考え込んでいた。そしてこう言ったのだ。《分かりました。引き受けましょう》。こうして彼はロンシャンの礼拝堂をデザインしたのである。

自己形成

　ある日、ル・コルビュジエはこう尋ねられた。《しかしそれにしても、あなたには何か、こつとかうまい手があるのですか？　どうしてあなたは、おやりになることをみんな上手に成功させるのですか》と。ル・コルビュジエはそっけなく次のように言ったのだ。《母親が私に言ったからさ。やるならちゃんとやれってね》。

　別のある日、わたしたちは旅の途中に、町の道路清掃人を偶然見かけた。そのときル・コルビュジエは私にこう言ったのだ。《なあ、ヴォジャンスキー。あの男のやっていることは私のやっていることと同じくらい大事なんだ》。私は驚いてどういうことかと尋ねた。すると彼は、こう説明したのであった。行為の結果というものは、なされたことの質が問われることなんだよ、と。わたしたちがしようと決めたことの内容、たとえばわたしたちの職業上の役割などは、結果がもたらす価値やわたしたちが応えなければならない要求に比べたら、大したことはないのだ。だから、一軒の家が建てられるように、たゆむことなく、自分の力で自己の形成がうまくできるように励むのである。結果の質の高さは、こうした自分自身の構築から生じるのだ。

　それはまさしく、私がル・コルビュジエから受け取った、いくつものもっとも強固なお手本のひとつである。すなわち、あの一種の、自己との厳しい戦いである。この自己は、決して完成することはなく、生きているかぎりずっと、築き上げ

磨き上げなければならない、日々構築・形成される一個の生命体なのである。誰が言ったのかもう分からないが、《生命を削って芸術作品をつくる》という言葉がある。さしずめル・コルビュジエならこう言うことができただろう。《生命を削って建築をつくる》と。

　そのことがまた、あの極端な真摯さに通じるのである。

　《熊や犬の仔は、生まれつきの気質を示す。しかし人間はすぐ習慣や信条や法律に身を投じて、いとも容易に変貌したり自分を偽ったりするのである》[(10)]。

　ル・コルビュジエは自分を偽ることはない。

　彼の力とは、規則とか、やり方や見方とか、因習とかから開放されていることなのである。それはおそらく、独学者のもつ力なのである。悪い癖がついてしまうので学校は駄目なのだ。《こんなふうにやる》なんてまっぴらなのだ。ル・コルビュジエの学校とはすなわち、人生という壮大な劇場なのだ。彼は、学校や社会がわたしたちの目に焼きつけた規則や慣習や規範のすべてから解放されている。彼は、あまたの建築家を隷属させているあの条件反射のすべてとは無縁なのだ。彼はゼロの状態で人生に乗りだし、自分自身で、あの宇宙や地球や人間のもつ大いなる力の数々を、すなわち、からだと思考とが感じ取るあのエネルギーの場の数々を見いだすのである。

開いた手

　ル・コルビュジエの力とは、すなわちものを受け取ったりつかんだりするすべを心得ていたということである。彼は見たり、触れたり、書きとめたりして、つかんで自分のものにしようとしたのである。彼はリュックサックを背負ってヨーロッパ横断や地中海周遊の旅に出た。青春まっさかりの頃から最期の時まで彼は、何冊もの手帳を、スケッチやメモや記憶にとどめておくべき考えなどで埋め尽くしてきた。詰め込むことのできるものは、すべて詰め込んだ。彼は飢えていたのだ。見ることに、知ることに、そして知識をわがものにすることに。
　《手にいっぱい、私は受け取った》[1]
　《けれども　いつ　あらゆる生のうちのどのなかで　わたしたちは　ついに　開いた者となり　受け取る者となるのであろうか》[11]
　手は受け取るために開かれる。
　おそらく、ル・コルビュジエはまさしく若い頃に理解したのだ。ある稀有な瞬間に、まがりなりにも、与えることができる創造者となるためには、受け取る人間であり続けなればならないことを。
　《受け取るために開かれて、誰もがものを取りに来るためにもまた、開いている》[1]
　《……与えるのも、受け取るのも人間である。つまり、差しだすのも人間の手なのであり、受け取るのもまた人間の手

なのである》。
(12)

　ル・コルビュジエの生涯自体が大きな開いた手であった。ときおり彼は、自分自身の秘密に関してはその開いた手を閉じた。だからこそ、チャンディガールのために彼がデザインした《開いた手》には、秘密や、訴えや、捉えにくいものに向けられた叫びや、誰も聞かないような叫びが、ないはずはない。

　《……私がお願いしていると思わないでおくれ、天使よ。たとえ御身に求めたところで、御身は来てはくれまい。私の祈りはいつも拒否に満ちているのだから。このように御身は、とても強い空気の流れに逆らって歩むことはできない。私の呼びかけはさながら高くあげられた腕のようなものだ。つかもうとして上にのばして開かれたその手は——おお、御身よ、捉ええぬ者よ——、御身を前にして、禁止と警告を表わすかのように、拡げられたままなのだ。大きく拡げられたままなのだ》。
(13)

ピカソ

　ル・コルビュジエの気性は激しい。積み重ねられ、そしゃくされ、練り上げられたこの豊かな価値から、彼自身の発する力強さに溢れた場が生じるのだ。
　ル・コルビュジエの協力者たちの何人かと私は、忘れられない一日を送るという、とても大きな恩恵に浴したことがある。ピカソがマルセイユのユニテ・ダビタシオンの建築現場で一日をすごしにやって来たのである。ル・コルビュジエもピカソを迎えるためにパリから来ていた。建築現場を回ったり、職人たちの飯場で一緒にランチを食べたりしながら、わたしたちはひがな一日、ル・コルビュジエとピカソが語り合うのをそばで聞いていたのだ。彼らは互いを非常に評価し合い、また好意を寄せ合っていた。ピカソはル・コルビュジエが本当に評価していた、きわめて少数の同時代人のひとりであった。ピカソこそは自分よりも偉大と言える画家であると、ル・コルビュジエがある日私に言ったことを今でもよく覚えている。
　一日中彼らは謙虚さを競い合っていた。互いに相手にはとても及ばない、と言い張っていた。何とすばらしいことであろうか。記憶に深く刻まれ続けているのは、この二人が互いに発している途方もなく強い力である。わたしたちは、彼らがつくりだす二重の力の場に捉えられていたのである。彼ら二人の声は穏やかで、彼ら二人の沈黙は何かしら大きな意味を帯びていた。彼ら二人の目は光り輝き、彼ら二人の手は何

かを雄弁に語っていたのだ。

純粋無垢

　ル・コルビュジエは純粋無垢である。しばしば自分で《私は天真爛漫だ》と言う。そしてしばしば、その通りと思わせるのだ。彼は、疑いようのない無邪気なままの姿で人前に現われるのだ。
　その人生で何度かル・コルビュジエは、信用するに足りぬ人々を信じてしまったことがある。案の定、彼らにだまされたのである。
　ル・コルビュジエは本質的には政治には無関心であった。しかし、彼が《お偉がた》と呼んでいた人々のことは信じていた。彼らには権力があったからだ。ル・コルビュジエは彼らの顔色をうかがい、ときおり、愚かにも重大な過ちを犯してしまうのである。そして、その結果にびっくり仰天するのであった。
　ル・コルビュジエはひどく才能のない外交官のようであった。仕事を決定づける会合に付き添ったときなど、私は不安でならなかった。ル・コルビュジエの行く手を妨害している主要なものが、ほかならぬ彼自身であった場合がときどきあった。
　ラ・ロシェルで彼は、自らの計画案を失敗させてしまった。この町の拡張をもくろんだ彼の町づくり案は、ラ・ロシェルとラ・パリスとのあいだの空地に、十棟のユニテ・ダビタシオンからなる輝く都市地区の建設を予定していたものであった。ソルタンと私は、何度か現地に足を運んでさまざまな会

合を重ね、最良の評価を得るよう段取りをつけていた。そしてわたしたちは市長が乗り気なように見えたために、かなり気をよくしていたのだ。市長はわたしたちに、この計画の実現の要望を表明すべく、大臣に手紙を書く用意があるとまで明言してくれたのである。しかし、市長はまだル・コルビュジエに会っていなかった。市長はル・コルビュジエに会うべく、わたしたちに、ル・コルビュジエ自ら市議会に計画案を提示しに来ることを要請したのである。わたしたちは、ル・コルビュジエとともに市長のもとに戻り、ル・コルビュジエは荘重な審議会で計画案を説明した。彼は誇らし気にユニテ内の住居の状態を語った。そしてこう付け加えたのである。《これらの住居はメソポタミア人たちの住居と同じくらいにすばらしいものになるでしょう》と。たちまち、氷のように冷たい沈黙が拡がったのである。市長は青ざめた。ソルタンも私も同じように青ざめた。市長は私の耳元でこうつぶやいた。《ル・コルビュジエは、わたしたちのことを野蛮人だとでも思っているのか！》そして、すべては崩れ去った。ユニテ・ダビタシオンも輝く都市も。それは、マルセイユのユニテの建設が決定される前の、1946年の出来事であった。

　これとほとんど同じ話がモーの計画案に関してもある。ここでは、五棟のユニテ・ダビタシオンを伴った《輝く都市》地区が計画されていた。わたしたちは、市長やル・コルビュジエとともに、敷地の上に立った。そのとき、わたしたちの

前を、見事な大きさの野ウサギが二羽、大急ぎで逃げだしたのだ。市長はわたしたちに、めすのウサギがおすのウサギをいつも追い越してしまうと説明した。ル・コルビュジエと私は、何のことか分からなかった。しばし沈黙の時が流れた。そして今度はル・コルビュジエが冗談ぽく、こう言ったのである。《なぜこの土地では、（ウサギ小屋のような）家族そろって暮らすちっちゃな家を建てないんですか》。市長はこの冗談を不愉快に思ったようだ。閣僚の代理人はいつも計画案には反対なのだが、今度はなおさらである。別の建築家が取って代わってしまった。

とはいえ、ル・コルビュジエに、仕事の依頼者を誘い込むことのできた機会が、ほかにいくつもあったのは幸いであった。

ひとりと沈黙

　ル・コルビュジエはずっとひとりであった。彼は、会話の途中にせよ、仕事の打ち合わせ中にせよ、親しげな様子を見せていながらも、心はひとり遠くにいたように思われたことが時々あった。ル・コルビュジエは、現実の人間の世界よりもいろんな人間で溢れた自らの精神生活のなかに引きこもっていたのだ。

　彼自身の名にふさわしい仕事はみな、孤独のなかでやり遂げたものであった。社会生活というものは、わたしたちを切り分け、いくつもの小さな断片に散り散りにしてしまいがちである。これらの断片を再び集めて、元の自己に近づけることが必要なのである。それゆえ、ひとりでいるしかないのだ。

　《孤独のなかでこそ、人は自己と戦うのです》[2]。

　ル・コルビュジエは自分の仕事を守りとおしたのだ。

　ある日私は、ル・コルビュジエに自宅のアパートへ来るように言われた。差向かいで私と話したかったのだ。わたしたちは、彼の絵画アトリエにいた。突然大きな戸が半開きになった。ル・コルビュジエの妻のイヴォンヌが現われたのだ。ル・コルビュジエは露骨にイヴォンヌを追い払おうとした。《お前にはここに来てもらいたくない》。私はびっくり仰天した。あんまりな言い方だと思った。とはいえ私は、ル・コルビュジエが彼女にどれほど執着していたかを知ってはいた。

　ル・コルビュジエは数をたのむことは好まなかった。何であれ徒党を組むことが大嫌いだった。集団のなかでは彼はい

つも沈黙したままだった。ときおり私は、彼の代わりに話さなければならなかった。彼は自分自身を防御し、警戒心までも露わにしたのであった。おそらく、次のようなアフリカの言い回しを知っていたのであろう。

《人間には、たてがみもしっぽもないけれど、自分でものをつかむために、口で話すという能力をもっている》(14)。

孤独は利己主義ではない。それどころか自己の拡がりなのだ。孤独は自分を貧弱にすることなどではない。

《なぜなら内に秘めたもろもろの力を一気呵成に押しだすために、自由になって自分自身に向き合うことこそ、測り知れない恩恵なのだから》(5)。

喜 び

　ル・コルビュジエは喜びが好きだ。彼は《陽気な楽天家》なのだ。ワインとパスティスを愛し、冗談を言うのが好きである。彼の言う冗談や、彼の好む冗談は決して俗悪ではない。大衆的なのである。彼は下品であることを嫌う。ときおり、彼の周りには下品な冗談が飛び交う。ル・コルビュジエは何も言わない。しかし、彼は目線を逸らしているし、彼の両手はそれが好きではないことを語っているのだ。たとえル・コルビュジエの趣味が大衆的であったとしても、貴族的なものが、おそらく知らず知らずのうちに、ル・コルビュジエの内に秘められているのをわたしたちは知る。

　ル・コルビュジエの愛読書は、ラブレーである。私が自分はモンテーニュの方が好きだと言うと、ル・コルビュジエはラブレーの方が好きだと言い返す。その言い方から判断すると、ル・コルビュジエはモンテーニュをそれほど読んでいなかったのだろう。とはいえ、モンテーニュとル・コルビュジエには似ている点がいくつもある。ル・コルビュジエが実際に多くの書物を読んでいたかどうかは、結局分からずじまいであった。多分そんなに読んでいなかったのだろう。ル・コルビュジエの教養はきわめて広範にわたるが、書物から得たものではない。それは実際の経験をもとにしたものなのである。ル・コルビュジエの教養は、デッサンや旅行の数々から、そして見たものや体験したものから生まれてきたものなのである。彼の教養は理知的なものというよりは、手によって習

得したものなのである。

　ル・コルビュジエは決して大笑いすることはなかった。だが、彼が喜んでいるときはよく分かった。彼の顔や両手がそれを物語っていた。喜んでいるル・コルビュジエを見ていると、何かしら熱いものがこみ上げてくるのだ。

直観力と冷静さ

　ル・コルビュジエの両手の活力とは、彼の直観の化身でもある。

　敷地に立てば、ル・コルビュジエが、地中から生じ、そして天空からやって来る、自らを貫く力の数々を体感している姿に立ち会うことになる。動物のように、ル・コルビュジエは力線や、それらの交わりを感じ取り、また、その場所に活力があるか否かを感じ取る。彼の手は、それらを余すところなく手帳にデッサンする。

　ル・コルビュジエは太陽の運行を体感し、昼夜の奏でるリズムをデッサンする。

　ル・コルビュジエには、大地に生きる人間たちの活力を見抜く直観がある。ル・コルビュジエは現実には彼らと離れていても、彼らのそばにいるのである。というのも、ル・コルビュジエは周りを観察し、彼らの話を聞き、彼らを描き、彼らを理解するからである。ル・コルビュジエは透徹した精神の持ち主なのである。

　ル・コルビュジエは分析家ではない。彼はしばしば、自分の示そうとしていることを、それほど明確に説明できないことがあった。だが、感受性にひいでた聞き手であれば、ル・コルビュジエの私的な見解を、いわば、感性的、詩的に分かち合うことができた。ル・コルビュジエは自分の見解を理詰めで分からせるというよりは、それを体感させたのである。事務所（アトリエ）のミーティングでは、ときおり、私が

ル・コルビュジエの代わりに説明を行なう必要があった。孤独と自我のうちに身を潜めながら、ル・コルビュジエは問題を直視し、解決を見いだすのだ。

　無数のデータから、そして無数に散見される事柄から、ル・コルビュジエはまとまりをつくり上げる。彼は、これらの要件を統合する。それぞれの要件が互いに依存し合ったり、互いに影響を及ぼし合ったりしながら、ひとつのかたちの構成要素になるのである。ル・コルビュジエは、作曲家が音を聞くように、ものを見るのである。

　こうして、ル・コルビュジエの手はデッサンを行なう。人々を扇動させてばかりいるように見えるが、ル・コルビュジエはもの静かなのである。このもの静かさは欲望や情熱を打ち壊したりしない。それどころか、欲望や情熱というものを、内に秘めた力として集中させるのである。

巨匠の仕事ぶり

　まず第一に、ル・コルビュジエは手職人である。彼は懐中時計の側を彫ったり刻んだりすることを学んだ。彼のどの作品にも、手仕事の痕跡、すなわち手とともに感じられつくられたかたちがあるのだ。彼は地中海を周遊した。ギリシアやトルコやムザブ地方では、人間の背丈ほどの、両の手でつくられた建物を好んだ。そして、手で組み立てられた、あの彫刻のような建築は、彼のどの作品にも現われてはいたが、とりわけ後のロンシャンで見いだされるのである。

　常にル・コルビュジエの手は描く。彼は木々や葉や芽を描く。これらのものを描くことはすなわち、これらのものをつくりだした種を、指のなかに感じることなのである。かたちには根拠がある。かたちは有機体であり、生命を表わしているのだ。ル・コルビュジエは、風と水の力や生命や人間の手によって仕上げられる、さまざまな風景を描く。

　《内面を表わすあまたの線や仕草のもつあまたの意味を、周辺部分や皮膚の組織のなかに含んでいる手。手には、個人の性格が含まれている。つまりそれは、もっとも目立たずもっとも内密のものや、もっとも主観的でもっとも捉えがたいものが、手相という明確な線や手の筋肉や手のシルエットによって、かなりはっきりと示されうるということを意味するのだ》[7]。

　手を導くのは頭である。しかしときおり、手の方が頭を導くことがある。

ル・コルビュジエは言う。《私は、手から頭へと回したの
だ》と。またこうも言う。《ときおり、まさに私の手が、私
の精神に先んじることがあるのだ》(15)。

　頭は思考する。手は触れる。からだは感じる。

　手は働きかけるのだ。《…頭と手の合一。そこから肉体と
精神が合一した人間の作品が静かに生まれるのだ(5)》。

　頭が考えているときには、手にあまりに早くかかせても、
あまりに急いでかかせてもいけない。仕事中のル・コルビュ
ジエは、まず最初はひたすら待つのである。ときにはとても
長いあいだ待つこともある。しばしば私は不安にかられた。
わたしたちは、定められた期日までに設計図を提出しなけれ
ばならなかったのである。それでもル・コルビュジエは待ち
続けた。ときおり、この設計計画のことすら忘れてしまった
ようにも思えた。彼はこの計画については何も語らなかった。
ただ自然に生まれるに任せたのである。

　《ある仕事が私に委ねられたとき、私は、いつもそれを私
の記憶のなかに取り込むのである。つまり数ヶ月のあいだ、
いっさいスケッチをかかないようにするのである。人間の頭
というものはこのように、ある独立した立場をもつようにつ
くられているのだ。つまり、人間の頭は、ひとつの問題のい
ろんな要素を乱雑にひっくり返すことができるような箱なの
である。こうやって、揺らし、ゆっくり煮て、発酵させるの
だ。するとある日、内なる存在からの自発的な妙案、すなわ

ちひらめきが生まれるのだ。鉛筆や木炭や色鉛筆（色はこの作業の要である）を手に取って、紙の上に産み落とすのだ。発想が浮かび成果が現われる。それはこの世にやって来たのだ。生まれたのだ》。[16]

ル・コルビュジエは、作曲家が聞くことから始めるのと同じように、まず見ることから始める。

《…描かないでまず最初に、計画を見ること。脳のなかで。デッサンが有効なのは、考えぬかれた発想の数々をまとめようとするときだけである》。[17]

《頭のなかに全体のかたちができていない者は、個々の断片を整理することなど無理である》。[18]

それからある日、ル・コルビュジエはスケッチの束をもってセーヴル街のアトリエにやって来る。これらのスケッチはたいてい、黒鉛筆や万年筆やとりわけ色鉛筆で、タイプライター用紙にかかれていた。あらゆるものがそこにある。つまり、計画案の全体がそこに含まれているのだ。最初は、彼のスケッチを理解するのに苦労する。しかし、次には読み解くことを覚えるのである。ル・コルビュジエのスケッチには、計画案全体の萌芽が含まれている。わたしたちはただひたすら、それらのスケッチをT定規や三角定規を用いて清書するのである。そしてル・コルビュジエは、図面を細部にわたって最後の一枚まで見続けるのだ。彼はわたしたちの製図板を前にして、長いあいだ座ったままだ。彼は図面を明確にし、

修正する。正確さと厳密さを高め、ついには完成させる。彼はわたしたちに、天井まで届く大きな一枚の黒板の上に、実物大で何枚か詳細図をかかせる。マルセイユのユニテ・ダビタシオンの屋根つきバルコニーは、こんなふうにして、実物大の尺度で描かれ、丹念に仕上げられたのである。現場においてもなお、最小の部分に至るまで、ル・コルビュジエは描き続け、よりよいものをつくろうとしたのだ。

　まれに、ドラフトマンのひとりがル・コルビュジエに、ひとつの考えあるいはひとつのかたちさえをも提案することがあった。そんなときたいていル・コルビュジエは、出された提案を押し返し、少し不機嫌になるのだった。彼は人が口出しすることを許さない。仮りに、そんな提案が最終的には採り入れられたとしても、ル・コルビュジエによってもう一度練られ、デザインがやり直され、全体のまとまりのなかに再び統合されてしまうのである。ル・コルビュジエは、私がその誕生を目の当たりにしたすべての計画案の、ただひとりの作者であった。

　このことは、よき協力者をもつという、彼にとって明白な必要性とは何ら矛盾しないのである。ル・コルビュジエは協力者たちに多くの仕事を任せ、彼らはル・コルビュジエのデッサンを清書したり、施工図や技術的な詳細図をかいたり、数多くの打ち合わせでル・コルビュジエの代わりを務めたり、現場監督をしたりして、自分の力をのばしてゆくのである。

ル・コルビュジエがシャルロット・ペリアンを必要としたのは、家具の設計図を仕上げ、家具の製造に目を配るためであった。1939年以前では、ル・コルビュジエのいとこのピエール・ジャンヌレという協力者がいなければ、何も実現しなかったのである。ピエール・ジャンヌレは、ル・コルビュジエとのいさかいのあとともなお、チャンディガールにおいて、ル・コルビュジエの代理を務めたという卓越した人物であった。1945年以降では、ル・コルビュジエは、若くて忠実で精力的なアトリエの所員たちがいなければ、何も実現しなかったのだ。彼はそのことを知っていた。マルセイユのユニテ・ダビタシオンの落成式でル・コルビュジエは、感動のあまり、彼ら所員のことを引き合いに出しながら、次のように言って、あいさつを終えたのだ。《彼らにこそ、感謝の言葉を捧げたい》と。

手は描く

　手は描く。しかし手は平らな面の上では描かない。彫ること、それは三次元で描くことである。それは穴を穿ち、浮きださせることなのである。ヴォリュームを見ることである。ヴォリュームは内部であると同様に外部なのだ。

　彼は殻を描く。

　《やさしい愛よ

　　貝殻よ　海は絶えることなく

　　打ち上げた　この愛の漂着物を

　砂浜のうえで笑みをたたえた調和を。

　手はこねる　手はふれる

　手はすべる　手と

　殻は愛し合う》[1]

　内部はがらんどうなどではない。それどころか内部は萌芽なのである。木や芽のなかにある精気である。誕生もしなければ成長もしない、殻のなかにある生命のかけらなのだ。

　だから慎重に、描く手は、そのかたちのなかに人間の生命を吹き込むのだ。

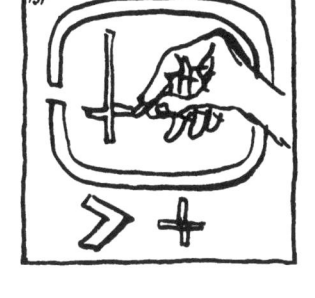

包　み

　手は包みを描く。
　とても手際よく、手は女と男の周りを回って包みを描く。手は彼らのかたちや背丈を包み込む。ただ何くわぬ顔で包み込むだけでなく、男女の仕草や動作や行為を取り囲むのだ。手は彼らの思いを包み込む。手は彼ら自身の周りや、彼らの生んだ成長していく子供たちの周りで、膜となる。この包みはいい加減なかたちではない。自らが取り囲む生命をもとにかたちづくられるのだ。あたかも殻のごとく。ものを包み込む手が家を描く。その外形は、内面生活からこそ生じるのだ。

家と太陽

　家は自ら取り巻く空間から切り離されることはない。家は風景のなかに入り込まされ、風景に包み込まれるのだ。そして、この風景のもつ力の数々はまた、家のかたちの要因でもある。内の生活と外の生活のあいだの境界である家は、これら両方の生活によってつくり上げられる。家は閉じられた覆いであるが、出入りは自由にできる。家は外のものから守ってくれる。しかし、家は外側に対して内側を開け放っているのだ。家はこれらの両側を結び合わせている。家は、内部と外部のあいだを連続させているのである。

　家は自らが受け取る光のなかにある。つまり太陽のなかにある。

　《太陽という、大昔から規則正しく回転している機械は、二十四時間の一瞬ごとに、徐々に進む変化や微妙な差異やかすかに感じられる動きを生みだしているのだ。その一瞬一瞬のほぼすべてに、一定の拍子を与えながら。だが太陽は朝と晩の二度、突然この拍子の動きを断ち切る。太陽は連続しているものなのに、わたしたちには交代するもの——夜と昼——を押しつけるのだ。これら二つの時間こそが、わたしたちの運命を決するのである。すなわち、陽は昇り、陽は沈み、陽はまた昇るのだ》[1]

まとまり

　光がそそぎ、風がそよぎ、動植物に囲まれた家であれば何の問題もない。それゆえ、そういうところに住んでいないその他大勢の大人や子供には、違った家が必要である。そうして、描く手、つまり考える頭によって導かれる手は、次から次へと連鎖する枠組みの構想に身を乗りだすが、それらは、互いに同化するものであり、地面の上、あるいは空間のなかに社会の姿を跡づけるものである。その姿とは、いくつもの社会学的な単位であり、社会に含まれるさまざまな単位のそれぞれの枠組みであり、地上に存在する人間の組織であり、社会そのものの構想され具体化された姿にほかならないのである。つまり、まとまりなのである。

　ル・コルビュジエの手は、ユニテ・ダビタシオンのなかに統合された家族の住まいを構想する。輝く都市に統合されたユニテ・ダビタシオン。線状都市に統合された工業単位。地域に統合され、四つの交通路や線状工業都市によって統一された十字路の都市。通り道の内側にある農業単位。次に、大きな交易で繋がれたさまざまな地域や国へと。結んだり結ばれたり、閉じたり開いたりするさまざまな連鎖するかたち。それらは、殻や、芽や、生命のかけらから、この星の上に昼夜のリズムのなかで描かれた、人間の大いなるかたちにまで及んでいるのだ。

輝く都市

　それゆえル・コルビュジエは、単に芸術家であったわけではない。彼は、いささか自分の意にそぐわないものの、建築家なのである。しかし建築家である以上は、完璧な建築家であろうとした。彼は建築の実用的な側面を無視することは許さなかった。同時代のどの建築家よりも、彼は自らの建築を社会学的構想にもとづかせていたのである。彼はものごとを深く考えるのだ。

　彼は構造化された社会をひとつの有機体と見ていた。つまり、含みつつ含まれるかたち、互いに統合されるようなかたちである。たとえば、個人、家族、しだいに大きくなる社会集団がそうである。彼は、これらの社会的形態をひとつの有機的なまとまりのなかに統合する力強い結びつきを、直観的に感じ取る。さらに彼は、社会的構造と建築的構造とのあいだにある相互作用をも感じ取るのだ。彼は、さまざまな社会的構造から生じるものの、次にはそれらの社会的構造に影響を及ぼすことになる、都市計画と建築を考え、描く。そうすることで社会の構造化が、すなわち生き生きとした一個の有機体をつくりだす組織化が、より強固なものになるのである。

　ユニテ・ダビタシオンを推し進めた根本的な考えとは、家族を住居のなかに隔離し、ひどい雑居生活から家族を守ることである。隣人たちの姿を見ず声も聞かないこと、すなわち、隣人たちもわたしたちの姿を見ず声も聞かないこと。こうした隔離を、集団生活に必要な、人と人との結びつきと両立さ

せること。個人と社会のいさかいを拒絶すること、そして個人の生活、家族の生活、社会の生活、という三者をともに生かす建築を提案すること。たくさんの住居を互いに軒を並べておくという単純な並置、すなわち算術的なままにとどまった並置を克服すること。そうすることで、有用で文化的な繋がりを自由に開花させることができるユニテ・ダビタシオンのなかに、さまざまな住まいを統合させることができるのである。それはちょうどひとつの村の家々が、ひとつのまとまりを形成し、ひとつの村のそれぞれの家族がひとつの共同体を形成することと同じである。

　それから彼の構想は都市にまで拡がる。高密度を可能にするユニテ・ダビタシオンからなるこの都市は、同時に、建蔽率をわずか10％に抑えて土地全体を有効に活用する。残りは公園で、そこでは自然が都市のなかに入り込んでいるのだ。それゆえ都市を歩くことは、庭のなかを歩くことになるのだ。

　ル・コルビュジエは、ユニテ・ダビタシオン同士を分離する危険を避けるために、それらをすべて、中心、すなわち都市の心臓部に結びつけたのである。中心地へ向かう数々の幹線は、集団で行なう活動のための場所、とりわけ、いろんな考えをした人々の集まる場所や、礼拝の場所や、芸術と創造のための文化センターといった場所からなっている。

　この都市、それをル・コルビュジエは《輝く都市》と呼んでいる。そして、家や都市に関する彼の構想全体が統合化に

もとづいているのである。その都市は生物のような存在なのだ。

　輝く都市は決して実現されることはなかった。第二次世界大戦後フランスで建設された新しい都市のなかにあっては、その都市計画はあたかも一世紀も前から何も変わらなかったかのように構想され、わが国の相次いだ指導者たちは誰も、たとえ実験のためだけでも、また、せめて都市の一区画という規模においても、輝く都市を実現させようとする勇気をもたなかったのである。輝く都市の実現にそれほど大きな危険はなかったであろうに。そして、マルセイユ、ルゼ゠レ゠ナント、ベルリン、ブリエ、そしてフィルミニに建てられたユニテ・ダビタシオンは、今でも孤立した雛型のままでしかない。たとえてみれば、有機体から切り取られた器官のようである。本来ならばこれらの器官は、有機体によって生き生きとしたものになったはずなのだが。

　つくり手たちのもつ価値を利用しないことは、物質的にも文化的にも国土が疲弊していることを意味するのだ。

　ユニテ・ダビタシオンは成功したのであろうか？　客観的なアンケートや住民たちの証言は皆、成功、と返答している。

もうひとりの建築家

　オーギュスト・ペレが、同時代のほかの建築家たちのことをあまり好きではなかったことは確かだと思う。しかしながら、ペレはル・コルビュジエの手になるマルセイユのユニテ・ダビタシオンには好意的であった。さて、以下の逸話を私に話してくれたのは、ジョルジュ・キャンディリスである。
　オーギュスト・ペレはすでにかなり出来上がった建築現場を訪ねて来た。キャンディリスがペレを案内した。二人は建物のなかを歩き回った。ペレはアパルトマンのモデルルームを訪れたが、聞き取りにくく不明瞭なつぶやきのほかには、何もしゃべらなかった。二人は降りていった。オーギュスト・ペレは常に堂々としていたのだが、現場の出口の前でキャンディリスの方を向いてこう言った。《結構だ。大変結構だ。ところでこの世界には二人の建築家しかいないんじゃないのかな。ひとりは、勿論この私。もうひとりは、ル・コルビュジエだよ》。

歴　史

　ル・コルビュジエは、過去を葬り去ったかどで非難された。彼の著作や図面が理解されていなかったり、あるいは、偏りのある目で見られたりしていたからである。ル・コルビュジエは、美しいまま生き続けている、いろいろな過去の作品を愛しており、庇護したいと思っているのだ。だが、彼は、ただ古いというだけの理由から作品を保存しようとするような、ゆきすぎた保守主義は拒んでいる。

　ル・コルビュジエは、理論的に過ぎるヴォワザン計画を断念し、それを自己批判して、パリのために真に役立つ計画案を公表した。それが、パリ万国博覧会の一環としてポルト・マイヨーの新時代館で展示された、1937年の計画案である。その計画案では、価値ある記念建造物のすべて、歴史的なパリの全体が保存されている。そして古くさい都市計画や建築に染まった大パリの中心にある、歴史的な小パリはきちんと残されているのだ。

　私の知るかぎり、ル・コルビュジエは、建築の歴史について、もっとも広範な教養をもっていた建築家である。彼の教養は、歴史家たちの教養ほどには文献的でもなく、分析的でもないが、中身はあった。それは、目だけではなく、手によっても感じ取られた知識なのである。なぜなら、その知識は、数多くのデッサンによって彼の記憶のなかに刻み込まれているからである。それらのデッサンは、数々の美術館において、また、とりわけ、若い頃から始まり、チャンディガールへの

最後の長旅に至るまで続いた、数々の旅行の途上において描かれたのである。

　ある日、ル・コルビュジエは、パルテノンの足元の地面に転がるドリス式柱頭の椀状の曲線を、手で、つまり、常に目を補う手でさわったのだと話し、記憶を辿って、その柱頭の輪郭を描いてみせた。

　また別の日、ル・コルビュジエは私に、ブルネッレスキに関する本を知らないかと尋ねた。ル・コルビュジエは、大好きなブルネッレスキの伝記と作品を学びたがっていた。

　ル・コルビュジエは、好き嫌いはともかく、歴史的建築をとてもよく知っていた。1937年の初めに新時代館の準備を行なっているとき、ル・コルビュジエは私に、飛行機から見たパリの広大な眺望をデッサンするように求めた（それだけである！）。それは、オフィスの数々を集約化することを提案する、企業用の四つの高層ビジネス・タワーをプレゼンするためであり、また、歴史的なパリの全体が保存されることを示すためであった。ル・コルビュジエは、私のような若い美術学校の学生がそうした眺望のデッサンに精通しているはずだと思っていたのであろうが、それはまったくの間違いであった。右上の隅に、小さなパンテオンを丸ごと描く必要があったのに、それができない私は口ごもってしまった。ル・コルビュジエがやって来てこう言った。《何てこった、君。美術学校の学生の古典主義建築についての知識なんて、これっ

ぽっちのものなのか！》そしてル・コルビュジエは、パンテオンの全容をこと細かに描き始め、この建物を設計したスフロが、いかに円柱やペディメントやコーニスやドラムを構想していたのかを私に示してくれた。パンテオンは、ル・コルビュジエの目のなかに、そして手のうちにあったのである。

　ル・コルビュジエの実現された、あるいは図面のままに残された作品を目の当たりにして、歴史が遺した建築の影響を、とりわけ古代エジプト建築やローマ建築の影響を感じないでいられようか。ル・コルビュジエは、両者を何よりも愛していたのである。

普遍

　ル・コルビュジエの建築は、おそらく著しく衰退してゆくことなどないであろう。それは、一時的な流行という罠には決してかからなかった。その場かぎりのはかない趣味を満足させようとはせず、流行や様式を越えて、時のなかに身を置く。彼の建築は、空間も時間も越えて、大いなる、人間の永続的で普遍的な価値の数々を見いだすのだ。そして、対立やねたみやイデオロギーに対する賛否の感情が静まるとき、ル・コルビュジエの建築が、建築の歴史のなかで好ましい位置を占めることになると、私は固く信じている。
　そう、人間の根底には、深遠で恒久的で普遍的なさまざまな価値が存在するのだ。
　旅に出たとき、特別なものに固執せず、永続的なものや本質的なものを注意して見るならば、次のような真理を体得することになる。すなわち、この地球の何処を見ても、人間のあいだには、互いの違いよりもはるかに多くの類似点があるということを。
　ラスコーの壁画とか、エドフの、タカの姿をしたホルス神の神殿とか、カルナックやデイル・エル－バハリの神殿とか、モンテ・アルバンの彫刻された山の頂きとか、京都の竜安寺の石庭とか、ル・トロネの大修道院やサヴォワ邸とかを目の前にして、美的で詩的な感情にかき立てられるのは、人類の奥底に、空間と時間を貫いて、本質的で恒久的で普遍的な価値の数々が存在しているからなのだ。

建築という芸術の創造は、これらの価値を見いだして、あからさまにし、永続させようとするひとつの試みなのである。ル・コルビュジエの建築は、これらの価値を表現しているのだ。
　モーツァルトの協奏曲のように、サヴォワ邸やチャンディガールの議事堂は、ル・コルビュジエにとって、普遍へと向かう驚くべき自己超越の化身なのである。

機能主義

　ル・コルビュジエは、機能主義もしくは合理主義の建築家であると言われることが多かった。これはひとつの称賛の言葉だと頭から決めてかかることもできよう。なぜなら、明らかに、この美名に値する建築は、それが知的に研究されてしかるべきものであるがゆえに、さまざまな機能や実践的問題に対応していなければならないからである。
　装飾のみに気を取られ、実用的な問題を無視した欠陥のある建築を引き合いにだしてル・コルビュジエが、実用性こそが重要であることに再び目を向けさせたことは確かである。だが、彼ひとりがそうだったわけではない。二十世紀の初め建築には、実用的側面が大いに必要とされたのである。
　というのもル・コルビュジエは、内部で行なわれるさまざまな活動から生みだされる建築を望んでいたのである。運動や行為や思考を包むものとして、彼は、こうした運動や行為や思考にぴったり合った建築をつくりだそうと試みたのである。そう、ル・コルビュジエは、合理的で知的な空間や、華やいだ生活に都合のよい空間を構成したかったのである。彼は、空間の浪費を嫌悪した。彼には、人間同士の商売やつき合いのなかで言われる《エコノミー》と同じ意味をもった、空間の《エコノミー》に対するセンスがあった。
　しかし、ル・コルビュジエは《機能主義》や《合理主義》という表現は毛嫌いした。というのも、こうした表現から建築の限界とか規則とかがつくりだされてしまうのを懸念した

からである。いく人かの建築家が主張したような、《機能的なるものは必然的に美しい》という言葉を信じるのは愚かだと彼は言っている。

　ル・コルビュジエは、A・サルトリスから1931年に、機能主義についての著作のうちの一冊に、序文を書いてくれるように頼まれたとき、これを断わっている。そのとき、サルトリスにこう書き送ったのである。《私にとって、建築という言葉には、合理的なものや機能的なものよりももっと理解しがたい何ものかがあるのです…》[20]

　自らの作品を実用的な側面に限定することは、森のなかにあってたった一本の木しか見ないことである。つまりそれは、かたちをつくりだす彫刻家のように仕事をする手や、音の長さを調整する音楽家のように空間にリズムをつける手、そして、合理的なものを越えて、美的な感動のとば口へと建築を連れてゆこうとする手の存在を見ないことなのだ。

機　械

　ル・コルビュジエを理解するためには、言葉を越え、彼の意図や表に現われない欲望を深く掘り下げて納得し、体験することさえ必要なのだ。

　彼の有名な言い回しである、《家は住むための機械である》によって、彼自身は大きな損害をこうむってきた。多くの人がこの言い回しを理解しなかったのだ。そしてある人々は、それを理解しようという気持ちすらもたなかったのである。にもかかわらずこのような表現がある。《椅子が座るための機械であることをよくよく頭に入れておきましょう。家は住むための機械なのです…木は実のなる機械です。植物は花を咲かせ種をまく機械です…心臓は吸い上げポンプです》[21]。この引用文はル・コルビュジエのものではなく、フランク・ロイド・ライトのものなのである。

　大衆は《機械》という言葉に恐れをなしている。そのくせ大衆は改良されればされるほど、ますます機械を所有することを夢見るのだ。次第に手の込んだものとなり、だんだん速く走り、ついには《あまりにも》速く走ることになるにちがいない車は、家以上に、社会階級を表わす記号なのである。近代的な器具がますます欲しがられ、技術上の性能がどんどんよくなることが賞賛されるのである。しかし、家というものは古いものでなくてはならないのだ。あるいは古いものに見えなくてはならないのだ。

　ル・コルビュジエが機械というものを、いや、より正確に

は機械の与えるさまざまな可能性というものを、信用していたのは正しい。彼は、家が自動車や飛行機と同じように改良され、高性能になることを望んだのだ。そして、こうした高性能という特質のなかには、ずっと彼の本質的な目的でありつづけるもの、すなわち空間の、美と詩が含まれているのだ。そこには、矛盾などないのである。

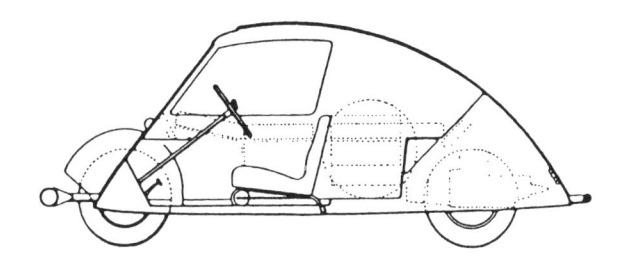

ユートピア

　ル・コルビュジエは理想主義者扱いされもした。
　ユートピアという言葉の元々の狭い意味、すなわち《何処にもないもの》から言うなら、この扱いは正しい。ル・コルビュジエが実現したものはどれも、あのチャンディガールでさえも、彼のさまざまな考えや提案の集大成を表わしてはいないからである。しかし、元々の意味では、この言葉は実行不可能なもののことを指しているのではない。
　この言葉が《お流れになる》といった軽蔑的な意味にとられるとすれば、私はユートピストすなわち理想主義者なる表現は、ル・コルビュジエにはそぐわないと思う。彼の直観と想像力は、明快さに満ちているからだ。彼の実作の成功や二十世紀に及ぼした彼の作品の著しい影響など、あらゆる成果を見れば、彼の考えが持続しうるものであり、その作品が成功であることは、明らかなのである。
　理想主義者の場合には、発明家が芸術家に取って代わる。ル・コルビュジエは、理想とユートピアを境界づける微妙な線の上にとどまっている。彼は、何処まで完璧にやればゆきすぎずに目的に到達しうるかを、はっきりと決定することができたのだ。思うに、ル・コルビュジエは何よりもまず現実主義者ではあるものの、創造力という能力によってこの現実主義をひとつの理想へと導くのである。彼の作品はまず第一に、個人か家族か社会か、そのいずれのかたちで人間が今生きているかという面から考えられている。ル・コルビュジエ

の建築と都市計画の全体は、さまざまな社会構造の未来像にもとづいている。現状の社会構造に甘んじることはないのだ。彼は、社会構造をひとつのありうべき理想の状態へと導く境界を測っているのだ(22)。

　それこそがル・コルビュジエの大いなる力のひとつである。彼の想像力は根拠のないものでは決してない。彼は、自分にとってひとつの手段でしかない建築のことを考える前に、大人たちや子供たちのことを考えるのだ。

　ル・コルビュジエが、チャンディガールの建設予定地への最初の旅から戻ったとき、私は空港に彼を迎えにいった。開口一番彼はこう言ったのだ。《ヴォジャンスキー、向こうではまったく違った都市計画がやれそうだよ》と。私はその言葉にがっかりした。ヒマラヤの山麓に建つ輝く都市の姿をすでに見ていたからである。(それでも)私は彼にどうしてかと聞いた。《向こうじゃ、毎晩人々が肩にベッドをかついで、外に寝にゆくからだよ》。

進　歩

　ル・コルビュジエは進歩の可能性を信じていた。彼は、二十世紀初めのあの思想の動きに共鳴していた。つまり科学や技術に全幅の信頼を抱いていたのである。
　ル・コルビュジエは、自らの時代を見るそのやり方をはげしく非難されてきたし、いまだに非難され続けている。彼があまりに素朴であったことや、二十世紀前半に多くの人々を活気づけたこの種の信条に加担していたことが非難されているのである。科学や技術の発展によって得られるあらゆる可能性は、たえず幸せを探し求めそれを生みだそうとしている人類に、ひとつの衝撃を与えることになったからである。
　当時の状況に立ち戻ってみるならば、私はそうした批判が当たっているとは思わない。ル・コルビュジエは断固として決意したのである。彼は、第二次世界大戦が起こる前の何年かのあいだに、人類、とりわけ西洋世界が、将来を慎重に見定める状況にあり選択を行なわなければならなかったことを示したのである。もっと公平な目で、しかも将来にもっと希望を抱いて、この時代を、復活の世紀や、社会とよりよい人間性の、再建の時代とみなす可能性があったのである。
　《新しい精神がある。大いなる時代が始まった》[23]。
　彼は建築以外のいたるところで、進歩の可能性があるのを確信する。《ひとつの職業がある。唯一のもの、つまり建築である。そこでは、進歩が定かではなく、怠惰が周りを支配し、過ぎ去った日が何かと引き合いに出されるのである》[23]。

あらゆる可能性を前にして彼は、わたしたちの時代が中世と同じようであることを望んだ。彼はそのことを望んだがゆえに、こう明言したのである。《かつて七百年前、新しい世界が生まれ、大聖堂が白かったとき、状況はあらゆる点で今と同じであったのだ》[23]。

　しかし科学や技術や機械なんてたいしたものではない。すべては人間がそれらをどう用いるかにかかっているのだ。だからこそ人は、選択し、意図をもち、意志をもち、熱くなるのである。

　《偉大さというものは意図のなかにあるのであって、大きさのなかには決してない。大聖堂が白かったとき、宇宙はその全体が、ひとつの文明の、活動や未来や調和した創造への、大きな信頼によって生じたのだ》[23]。

　そしてどんな建築であれ、大聖堂と同じように、それを生みだした意図を常に映しだしているのである。すべては人間の問題なのである。

　《彼ら人間のなかの…あり余るほどの勇気をもった人々こそが、建築の厚みのなかに入り込むことになろう。この、建築という職人的職業は今日、さまざまな学校やこれらの学校が出す卒業証書によって笑いものにされてしまっているのだ。なるほどこの職業ときたら、（哲学的意味での）生まれながらの正直さは勿論として、最高度に練り上げられた想像力までをも含めた、さまざまの冷酷な拘束を容赦なく押しつけてく

るのだ。しかもこれらの拘束ときたら、物理学の法則に支配されたり、社会学の召使いにされたり、経済学に虐待されたり、しばしば政治学の奴隷にまでされたりする…といった手合いのものなのである。——しかしこうしたいろいろな学問とのあいだの真摯な戦いからこそ、現代の相貌が現われてくるのであろう。そして、この戦いのさなかでこそ、美的で造形的な憧れの数々が、へとへとに疲れさせる衝突に絶えず満ちた日常の努めのただなかに、もっともつつましやかなかたちであれ、きわめて大胆なかたちであれ、ともかく自らの表現を見いだすことになるのである。

　このような芸術の時代が出現するのだ。そして、めくられたこの新しいページの上にこそ、カンヴァスの上にかかれ額縁に入れられた抽象絵画だけではなく、現場の人々という、ただひたすら建物に愛着を抱き（そして執着し）、自らを捧げた人々によって、まさしく建築現場で生まれ実現されたひとつの総合造形芸術が、くっきりと浮かび上がってくるであろう。自らの安全と自らの楽しみを犠牲にして、この世界そのものを建設するという、世界中で与えられる任務を忠実に果たす兵士となりうる、新しい世代が登場するのである》[5]。

空　間

　ル・コルビュジエは、さまざまな空間のかたちを描く際に、あらゆる方向に同一の物理的性質をもった空間のなかにそれらを置いた。

　アインシュタインの相対性理論に非常に関心があった私は、この理論に関して少しでも理解しようとして本を読み、ル・コルビュジエに何度かそれについての話をした。しかし彼はこの質問をまじめに聞こうとはしなかった。ミンコフスキーの時空連続体など、彼には別の世界のものなのである。ル・コルビュジエにとって空間とは、不動で均質で、あらゆる方向に同一の物理的性質をもった生気のないものであった。私の話は彼をうんざりさせたことだろう。ル・コルビュジエは、アインシュタインやミンコフスキーの考えが建築家には何の利益ももたらさないと思っていたようだ。

　しかしながらル・コルビュジエは、敷地のもつ力にはとても感受性が強く、とりわけ太陽が特定の方向を特権化するということには、ひときわ敏感であった。彼は飽きもせず、太陽の二十四時間の動きを描いた曲線や、それにともなう昼夜の入れ替わりを描いていた。彼のスケッチには、土地を観察する際に異なる方角それぞれが持ちうる、眺望や、影の出来具合や、価値の差異が記されている。彼は大地の力や宇宙の力に敏感であったのだ。だが私が思うに、たとえそれらの力が存在し、空間を貫いていたところで、彼にとってはそれらの力は空間そのものではないのである。

彼の空間の概念は、ブルネッレスキのものと同じであり、それゆえ、ほかの多くの観点からも分かるように、彼は《古典主義的》なのである。ほとんど《古代派》とまで言ってもよかろう。
　それにもかかわらず彼の建築は概して、ダイナミックで、力とリズムに満ちみちているのである。
　《建物の周囲や、建物のなかには、明確な場所がある。それは数学的な場所であり、全体を統合し、そこから演説する者が自分のこだまを周囲のいたるところに見いだすような演壇である。それこそが彫像のための場所なのである。それはメトープでも、ティンパナムでも、ポーチでもなかろう。それは、はるかに精緻で明確である。それは放物線や楕円の焦点のような場所であり、また建築的な風景を構成する異なったいろいろな面が重なり合う正確な部位のような場所なのである。それはメガホンであり、スポークスマンであり、スピーカーなのである》[24]。
　しかしル・コルビュジエの建築は、依然として、あらゆる方向に同一の物理的性質をもった空間のなかで考えられているのだ。空間そのものは決してダイナミックで相対的なものではない。空間は、生気がなく、無限で抽象的な一種の容器のままなのである。ル・コルビュジエは数学者とは似ても似つかないものの、理論的で数学的な空間像をもち続けた。つまり均質で不活性で中立的で、動きのない空間像である。こ

うした空間に動きを与えるものこそが建築なのである。

　これとは異なる考え方はありうるのだろうか？　多分ありうるだろう。私が思うに、二十世紀末の建築家たちのなかで、何人かの、確かにごくわずかの人々が、ひとつの変化を生じさせようと試みている。彼らは建築を考える前に、ひとつの空間を考えようとしているのだ。その空間はあらゆる方向に同一の物理的性質をもたず、相対的で、均質ではなく、エネルギー場からつくられている。彼らによれば、建築はこの空間のなかで自らを際立たせ、空間のダイナミズムと合致し、空間を変えることを試みるはずである。何も建築だけが空間のなかにエネルギーを生じさせるわけではない。建築を受けいれる空間そのものが、建築を条件づけるひとつのエネルギーの領域なのである。空間概念のこの種の変化は、もしかしたらいつの日か、ひとつの四次元の建築を、すなわち時間－建築というひとつの連続体を与えてくれるのであろうか？

かたち

　ル・コルビュジエの手は、さまざまなかたちを三次元で描く。それはさまざまなヴォリュームなのである。なぜヴォリュームかというとそれが容器だからである。というのも建築は包み込むものだからである。しかし、建築はあらゆる人間の複雑さを包み込むのだけれども、建築は複雑なかたちも気取ったかたちもとらない。建築はこの複雑さを、単純で原初的なかたち、すなわち初等幾何学の形態に還元する。たとえば、立方体、円筒、角柱、ときには平面として展開できない湾曲部分、球の一部、あるいはゆがんだ表面によって限られたかたち、である。単純なヴォリュームはどんな複雑なものも収めることができる。ところが複雑なかたちは単純なものを収めることができない。渾沌とした世界の無秩序が、建築によって一掃されて、平静な状態に立ち戻るからこそ、単純なかたちが重要なのである。

　彼の手は決していい加減なかたちを描くことはなかった。この、手と頭のあいだの対話から、考えぬかれたかたちが常に生じるのである。ひとつのかたちにはさまざまな深い理由があり、ひとり暮しの生活、夫婦としての生活、家族としての生活、そして集団での生活に深く下ろされたさまざまな根をもっている。人間の行為のためだけではなく、人間の思考のためにも組織されるかたちというものがある。単に有用なだけではなく、その組織が造形美にまで高められるようなかたちがある。それこそがル・コルビュジエがもっとも望んで

いたもの、すなわちさまざまな美しいかたちなのである。

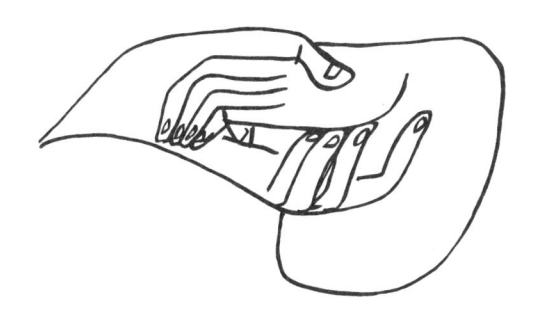

美しい

　ある日、ル・コルビュジエの手が正方形を描く。しかしそれは少し丸みがかっている。それは正方形と円の中間物のようなものである。かどがたわんだ正方形。向かい合った弧が平らになった円。彼は私にこう話してくれた。自分はこの平らなかたちが好きだ、と。そしてこのかたちがもつ切れの良さゆえに美しく感じる、と。それは円と正方形のあいだの中間物などではまったくない。それは、手ぶりに結びついた絶妙な配合、あるいは正方形から円へ、逆に円から正方形へ向かう揺れのなかから見いだされる、一種の完璧な平衡状態なのである。

　さまざまな単純なかたちに還元された複雑な空間というものは、かたちの錯綜によって豊かなものとなる。かたちを結び合わせることは、すなわちかたちのあいだのやり取りを打ち立てることである。またひとつの繋がり、すなわち一方から他方へのひとつの移行を打ち立てることである。たとえば、立方体から円筒へ、逆に円筒から立方体への流れである。似通ったさまざまなかたちのあいだで動かずに、ただ自分を主張するだけの並置を、乗り越えることである。しかも1足す1が1なのは勿論のこと、いくつ足しても絶えず1になるようにそれらを結び合わせるということなのである。数々のかたちのあいだにある欲動こそが、わたしたちの生命の欲動を垣間見させるのである。

　かたちはわたしたちの思考のイメージ、すなわちわたした

ちの熱望を表現しようとする欲動であるがゆえに美しいのである。しかし考えるという行為は、思考の、かたちを成さない流動性のなかで消えうせる恐れがある。建築はあらゆる諸芸術と同様、頭で描かれたかたちを具体化するものである。建築とは具体化された思考のことなのである。そしてこの思考が強く深くなればなるほど、ますます建築のかたちは美しいのである。

がらんどう

　ル・コルビュジエによって描かれる美しいかたちは、中身が詰まり、目に見え、明確に閉じられているだけではない。それはがらんどうでもある。がらんどうのかたちは、中身が詰まったかたちとしても考えられる。この二つのかたちは相補的である。がらんどうは残り物などではない。それもまた建築なのである。ときおり、がらんどうは中身の詰まったかたちよりも意味を秘めている。中身の詰まったかたちはがらんどうを包み込んでいるだけなのだから。ユニテ・ダビタシオンの《別荘（邸宅）のようなアパルトマン》においては、がらんどうこそが明確なかたちをもっているのである。チャンディガールの会議場においても、ラ・トゥーレット修道院の回廊やその教会堂においても同じことが言える。サヴォワ邸はいまだにル・コルビュジエのもっとも美しい作品のひとつであるが、それには多くの理由がある。そのひとつは、中身の詰まったヴォリュームとがらんどうのヴォリュームとの並外れた釣り合い、つまりそれぞれのヴォリュームのあいだの厳格な相補性である。というのも、がらんどうはそれを目に見えるものにする覆いのなかにあってこそ、明確なかたちをとるからである。

　そしてこのがらんどうの重要性こそが、建築に意味をもたせるのである。なぜなら、わたしたちの精神生活において、がらんどうをうまくつくりだすことに成功したときに初めてわたしたちは、もっと豊かな、もっと充実した、もっと実り

多い建築を見いだすのであるから。
　《粘土をこねて花瓶をつくる。ところが花瓶が花瓶として機能するのは、なかに何もないからである。家をつくるために戸口や窓を穿つ。ところが家が家として機能するのは、なかに何もないからである。このようにわたしたちは、感覚で捉えることのできる事物の恩恵に浴していると信じ込んでいるのだが、本当に機能しているのは、わたしたちが何も感じることのないところがあればこそなのである(25)》。

表　皮

　ル・コルビュジエの手によって描かれるさまざまなかたちがもつ美しさは、目によってだけではなく、触覚によっても知覚される。それゆえ、その美しさは見る者の手を必要とするのである。ル・コルビュジエはきわめて慎重に素材を研究した。ル・コルビュジエは、素材が視覚と触覚にそれぞれ与える、かたちや肌理(きめ)を実現させるのである。

　私と知り合ってから三十年ものあいだ、ル・コルビュジエは、入念に研究され、工場で製造され、現場で組立てられる、鋼鉄製の骨組みやさまざまな基本部材を使って建設することを望んでいた。私が彼の助手をしていたとき、鋼鉄と鉄筋コンクリート、いずれの骨組みでいいのか、しばしば比較検討させられた。工学技師によって提出された報告書のどれもこれもが、コンクリートのほうがはるかに安価であることを示していた。それでわたしたちは鉄筋コンクリートで間に合わせていたのである。工業化用に研究された、チューリッヒで実現したル・コルビュジエ・センターだけが、金属でつくられたのである。

　鉄筋コンクリート造を学びつつ、ル・コルビュジエはそれを好きになっていった。若い頃からル・コルビュジエは、コンクリートで出来た最初の成果の数々を賞嘆している。だからこそ、コンクリートの肌理が石の肌理と同じくらい美しくなりうることを理解できたのである。

　ル・コルビュジエはあらゆるかたちを可能にするコンクリ

ートを好む。なぜならそれは、型枠次第でかたちができるからである。彼が型枠作業を研究したのは、表面すなわち表皮を、──それはどんなものでもいいわけではないが──固まったコンクリートの表面についた型枠の跡によって生き生きとしたものにするためであった。マルセイユのユニテ・ダビタシオンでル・コルビュジエは、初めて打ち放しコンクリートを使った。木製の型枠のなかに流し込まれたコンクリートが、その型枠の跡をとどめているのである。

　ル・コルビュジエは、ざらついたものと滑らかなもの、熱いものと冷たいもの、といった素材の対比を楽しんだ。彼は《人間の友》と呼んだ木を好んでいた。彼はかたちの表皮に至るまで、かたちの研究を押し進める。《私は物の表皮がもつ価値というものを信じている。女性の肌がもつ価値と同じように》[1]。

　彼の建築を見ていると、まるで手が動き回るかのように視線があちこちに向かう。建築のかたちを描いたときにル・コルビュジエ自身は、建築を手に取って握りしめたまま感じ取ったのである。今や、建築を見つめるとき、あるいはざっと見渡すとき、わたしたちは、大きな手をひとつ欲しくなる。それによって建築にさわり、その上に開いた指を置き、建築をつかみ、そして、数々のかたちの表皮をわたしたちの肌で愛撫しながら、掌のなかや指のあいだで、かたちの織りなす戯れを知覚するのである。

贈りもの

　建築のかたちは人間のようだ。美しかったり醜かったり、強かったり弱かったり、荒々しかったり穏やかだったり、挑発的だったり物静かだったりするからだ。ル・コルビュジエの建築にはいつも、力強さがある。ちょうど彼の手のなかがそうであるように。ときには暴力的で、まれに攻撃を加えてくるが、ほとんど常に穏やかさとやさしさが、そこにはあるのだ。建築は人間のようだ。強い者のみが、冷静かつ穏やかでいられるからだ。
　《家のすばらしさは、庇護してくれたり暖めてくれたりすることではない。壁で守られることでもない。家のおかげで、わたしたちが穏やかさを少しずつ確実に貯えてゆくことができた、ということなのである》[(26)]。
　サヴォワ邸から汲み取ることのできるやさしさの貯えは、どれほど大きなものになっているのであろうか？
　建築の美しさは、気前のよい贈りものである。わたしたちは、それをつかんでわがものとし、持ち運ぶことができるのだ。それは減ることはない。無尽蔵なのだ。あとからやって来る誰もが、この美しさを受け取り、同じようにして、それを持ち運ぶことができるのである。
　それゆえ、ル・コルビュジエの手によって描かれ、ル・コルビュジエの頭によって考えられたかたちは、わたしたちを惹きつけるのである。自分で考えることをやめないのは、意識せずとも自然に考えが浮かぶからである。そして、ル・コ

ル・ビュジエの建築を美しいと思うのは、わたしたちがそれを愛しているからだけではなくて、その建築そのものが、わたしたちをこそ、愛してくれているように思われるからなのである。

ナンジェセールとコリ

　パリのとある通りに、これら二人の飛行士の名前が与えられた。ル・コルビュジエとピエール・ジャンヌレが、この通りの24番地に建てられたアパート（アパルトマン）の計画を行なった。ル・コルビュジエは、このアパートの八階と屋上庭園を、自らの住居と絵画用アトリエにしていた。そして私は、自分の建築事務所のためにル・コルビュジエ財団からそれらを借り受けるという、非常な幸運に恵まれた。
　この住居の細かな部分の多くは、決して機能的ではない。ある出入口をくぐるには、額をぶつけないように身をかがめなくてはならない。トイレはとても小さく、エレヴェーターは八階まで通じていない。事務所に着くまでに、とても狭い通路を通らなければならない。手狭な螺旋階段は、ほんの小さな荷物を運ぶときでさえ、通れなくなってしまう。したがって、引越しのときなど、危険極まりないウインチを中庭の上方に設置して用いなくてはならないのだ。
　ル・コルビュジエは、初めてアパートの住人のひとりが亡くなったとき、どれほど困ったかを私に話してくれた。棺は階段を通らない。サーヴィス用の中庭から、ウィンチに吊るして棺を運ばなくてはならなかった。このことは遺族の顰蹙を買った。ル・コルビュジエは呆然としてしまったという。彼もピエール・ジャンヌレもこうした事態を想定していなかったのだ！
　しかし、こうした不具合などは、この建築がもたらしてく

れる豊かさにくらべれば、取るに足らない。大きな絵画用アトリエを、ル・コルビュジエは隣の建物にくっつけ、その境界壁が目に見えるようにした。それは石灰岩の小さな切石からできていた。右側には、壁に組み込まれた煉瓦製の暖炉がある。それは、縦にのび生き生きとした表情を湛えている。アトリエと居間、そして寝室には、白い円天井が架けられている。天井の低い部分は木の化粧張りである。壁は白い。各部屋のプロポーションは人間にとって親しみのあるものであり、かたちはいかにも手でつくった感じがする。それらはル・コルビュジエの手によるものだと考えられていた。わたしたちは、建築の醸しだす柔らかい雰囲気のもとで仕事をしている。

寝室を見れば、シャワー室のかたちや、その柔軟な機能は俗っぽいものであり、建築家の手になったもののようには見えない。とはいえ、それらのプロポーションは巧みに配慮されたものである。しかも、それらは簡素にまとめられているのだ。私はそこに何度か泊まったことがある。そこに泊まる者は、あたかも、布団にくるまって眠るのが大好きな子供のようになるのである。

この建築の内部は静寂な佇まいを見せている。静寂とは、音が完全にないということではなく、耳にとってのこのうえなく穏やかな状態を示している。ここでは、静寂は目で見ることもできるのだ。

私のデッサン用テーブルは居間にあり、ル・コルビュジエが食事用にデザインした大理石のテーブルの隣に位置している。私はデッサン用テーブルにつく。数分間じっとしている。すると、円天井がゆっくりと私の近くにまで下りてくる。それは、私が瞑想に入っていくのを手助けしてくれ、私を支えてくれる。それは、私の予期せぬ失敗を防いでくれるかのようである。それはそこにあると同時に、徐々に消えていくものでもある。それは私を自由なままにしてくれる。その白い円天井は、想像力のために必要な神秘が支配する世界に私を置いた。こうして私はデッサンを行なうのだ。

ル・コルビュジエの母親

　ル・コルビュジエは家族水入らずの生活のなかの、とてもすばらしい思い出のひとつを私に話してくれた。母親がピアノを、兄がヴァイオリンを受けもち、ヘンデルの曲を二人で演奏したのである。
　彼の母親は百歳まで生きた。ある日彼女は、マルセイユのユニテ・ダビタシオンの建築現場を見学しに来た。このとき、彼女はもう九十歳に近かった。ル・コルビュジエの兄のアルベール・ジャンヌレと一緒に来たのであった。事務所の若い所員とともに三人は、建築現場を見て回った。まだエレヴェーターはなかった。ル・コルビュジエの母親は、手すりのない階段を登り、梯子まで使ってみせたのである。彼女の二人の息子は、このとき六十歳を越えていた。にもかかわらず彼女は、まるで小さな二人の男の子を相手にしているかのように、二人に話しかけたのであった。
　その晩、彼らはモデルルームのなかで寝た。母親は親の寝室に、二人の息子はそれぞれ、小さな子供部屋に。眠りにつく前に、わたしたちは居間に集まった。夜の闇が木々を覆っていた。会話はとぎれて、よどみがちであった。各人各人がはにかみ屋だったのだ。ル・コルビュジエはただ黙っていた。私は、彼が母親の方に顔を向けるのを見るのが好きだった。
　私が思うに、ル・コルビュジエは、母親のきわめて大きな望みに、程度の差こそあれ力のかぎり応えるという満足感を、おそらくは気づかないままに、建築のなかに探し求めていた

のであろう。

(27) 光

　ひとつの思い出がある。ル・コルビュジエがデッサンを描くときのことである。彼の手から、ひとつのかたちが生まれる。周りの助手たちに彼は、このかたちが、その光に照らされた表面とか、このかたちそのものの影やほかのものに映った影とかによってしか、わたしたちの目には見えないことを教える。ル・コルビュジエの建築は常に、さまざまな建築のかたちによって引き起こされた、光と影の遊動なのである。

　彼は地中海周遊の旅に出る。光のゆえに、地中海を愛するのだ。トルコやギリシアやムザブ地方では、家のかたちは内なる生活を包む光り輝く覆いなのである。当地で家を目の当たりにすることはすなわち、宇宙のなかで太陽を捉えることに等しいのだ。ここでは家は、生命と宇宙とを繋ぐものなのだ。

　ル・コルビュジエが、さまざまなかたちを、厳密に区分したり、直角や水平線や垂直線に合わせて調整したり、プロポーションをずらして空間にリズムをつくりだしたり、斜線や曲線や思いもよらないかたちや色を用いてわざと秩序を乱したりするのはみな、光と影のもつ、それぞれの微妙な変化を互いに巧みに絡ませようとするためなのである。こうして光は、強く光り輝いたかと思えば、和らげられてやさしい輝きを放ち、またいつのまにか消えてゆくのである。

　そして、毎朝、ル・コルビュジエの建築は長くのびた影のなかや、暖かな光のなかで甦るのである。その建築は、影と

の対比が強烈な正午ちょうどに、はっきりと自らの姿を現わし、毎晩、宵闇のせまるころには死にかけるのだ。だがそれだからこそ、翌朝光のなかで再び姿を現わすことができるのである。

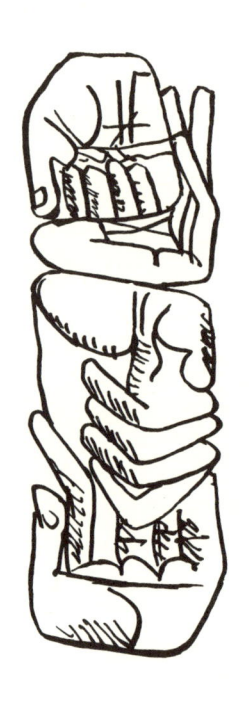

モデュロール

　図書館の蔵書にならったり、美術館の絵画をまねたりしてデッサンの腕をみがき、リュックサックを背負って旅をしながら目に入るものをすべてその手で描いた若き日のル・コルビュジエは、まさしく描くことによって、プロポーションという重大な問題を理解したのである。プロポーションとは、美のきわめて重要な要因である。ル・コルビュジエは基準調整線（規制図形）のために寝食を忘れた。彼は点と点のあいだや線と線のあいだの対応関係を探るために、大量の基準調整線を描いた。かたちを限って明確にする点と線は、勝手な場所にあることは許されない。基準調整線によって、このうえなく厳密に問題を整理することができるのだ。そして、さまざまな寸法の関係が偶然に出来上がることなどありえなくなるのである。寸法の関係は正確でなければならず、違ったやり方であることなど許されないのである。
　自分自身のことを引き合いにだしながら、ル・コルビュジエは次のように語った。
　《ある日、パリの小さな部屋に吊るされた石油ランプの下に、机の上いっぱいに散らばった何枚もの絵葉書があった。彼の目はローマにある、ミケランジェロ設計のカピトリウムの丘の建物の絵に釘づけになっていた。彼の手は、もう一枚の絵葉書を裏返してできた白い面を出し、直観的に、この面の四隅のひとつ（もちろん直角である）をカピトリウムの丘の建物のファサードの上にあてながら動かしてみたのである。

すると突然、直角がこのファサードの構成を規制しているという、しごくもっともな真理が明らかになったのである。このことは彼には、啓示であり確信であった。同じような試みがセザンヌの絵についても成功した。しかし、この人物は自らの判断を信用せず、こう思ったのである。すなわち、芸術作品の構成はいくつもの規則によって定められている。これらの規則は、鋭敏もしくは巧妙な、意識的な方法と言いうるし、また、普通に使われる型紙とも考えられる、と。これらの規則はさらには、芸術家の創造的な本能すなわち直観的な調和の表われとも深く関わっているとも言えよう。そのほぼ確かな例としてセザンヌが挙げられる。またミケランジェロも、意図的な、あらかじめ考えられた、学識豊かな足跡を残そうとする気質があったものの、もうひとりの例として挙げられよう…》[28]

　ル・コルビュジエはマティラ・ギカの著作を学んでおり、黄金比に熱中していた。

　その後彼は、建物の横の敷地に据えつけられることになる現場の格子組みという独創的な考えを思いついた。

《私はやがて国中を埋めつくすことになる建築現場に、壁の上に描かれるか壁に押しつけられるかした、溶接された帯鉄からなる《比例格子》を据えつけることを夢見ている。これは現場の通則、すなわちさまざまな組み合わせや比例関係からなる無数の規格品を生みだす基本単位、となるであろう。

いつでも石工や大工や指物師が、この基本単位から自分たちの仕事の尺度を選びにやって来ることになり、さまざまな種類のそれぞれ異なった、彼らの手によって出来上がったものがすべて、調和を紛れもなく証拠立てることになるであろう。それが私の夢なのだ》。

《2.20メートルという、腕をあげた人間の背丈を選んでみよ。それを、一辺の長さ1.10メートルの正方形を二つ並べてつくった長方形のなかに入れてみよ。次に、二つの正方形にまたがった、第三の正方形をつくってみる。この正方形があなたに解決の糸口を与えるはずだ。直角の頂点が、この三つ目の正方形を位置づけようとするあなたの力となりうるはずである。内部に据えつけられた人間をもとに規定された、この現場用の格子組みを用いれば、（腕をあげた）人間の背丈と数学とに合致した一連の寸法体系に到達すると私は確信している…》[28]

ここには、奇妙なことに、手や手仕事や民間住宅の影響が再び現われているのだ。建築の広汎な工業化を想像し、その実現を念願したル・コルビュジエ。実際にすべてが予見されていた、きわめて正確で盛り沢山で詳細な計画をわたしたちに用意させたル・コルビュジエ。彼は、石工や指物師に彼らなりの意見を求めたであろうか？　まず何よりもル・コルビュジエは、彼らと話し彼らから学ぶことを好んだのだ。しかし、職人や技師が造形的なかたちを決定することがあれば、

激怒したことであろう。すべてがル・コルビュジエその人によって描かれ、規制されなければならないのである。これは道理に合わないことであろうか？　たぶんそうであろう。

　矛盾なのか？　いやたぶんそうではない。工業化建築の基盤として役立つさまざまな原型は、大量生産を始める前に、科学と技術が提供する可能性のすべてとの関わりのなかで吟味されなければならなかった。しかし同時にまたこれらの原型は、手仕事とかかたちに対する触覚とか、指や手のひらや腕の動きとかによってもたらされる、ありとあらゆる豊かさとの関わりのなかでも検討されなければならなかったのだ。手はいつでも目の前にあって活動しているのだ。

　当時ル・コルビュジエは、この格子組みの研究で自分を補佐する役目を担った小さなチームを組んでいた。幸運にも私は、オジャムやアニングやド・ローズやソルタンとともに、このチームの一員となった。ル・コルビュジエは、パリのクリュニー博物館の学芸員であり、基準調整線の一流の専門家であるマイヤール嬢の意見を聞いていた。

　ル・コルビュジエとマイヤール嬢とアニングは、次第に《直角の頂点》という表現が分からなくなっていった。マイヤール嬢とアニングは、それほど正確に図を描いたわけではなかった。そのために、いくつもの解釈の誤りが生じたのである。わたしたちは、ル・コルビュジエにそのことを言うべき少数の人間であった。しかし彼もそんなに自分に自信があ

ったわけではなかった。それで彼は、チューリッヒ大学のアンドレアス・シュパイザー教授と、パリ大学理学部長のモンテル教授という二人の数学者に意見を聞いたのである。モンテル教授はル・コルビュジエにこう言った。《二重になった正方形のなかに直角を据えつけることができたそのときに、$\sqrt{5}$の機能が導入されたのです。それは黄金比の開花をも引き起こしたのです[28]》。

二重になった正方形のなかに直角が上手に据えつけられなかったものの、この研究は黄金比の方へと道を拓いたのである。それゆえ、この研究は現場の格子組みからはかなり遠ざかってしまったのだが、ル・コルビュジエも大いに驚いたことには、モデュロールの二種類の系列を形成する、二つのフィボナッチ数列へと発展したのであった。

二つの数列はまず最初に、身長が1.78メートルの人間（腕をあげた場合には2.20メートル）を出発点として設定することから算定された。ある日、ル・コルビュジエの協力者のひとりが、勝ち誇った様子でやって来た。彼はいろいろと計算を行なった結果、身長1.83メートルの人間から始めて、モデュロールとイギリスの計測単位のフィート・インチとのあいだに多くの対応関係があることを見いだしたのであった。このことに、ル・コルビュジエは大変満足した。ル・コルビュジエは、モデュロールがイギリスの計測単位とメートル単位とを両立させ、万能な計測器になりうることを夢見たのである。

私は心ならずも厄介な論戦を挑んでみた。私は、モデュロールは、それが仮りに比例関係を計測し、いろんな寸法を的確に選びとる素晴らしい道具であるにしても、計測器そのものではないと指摘したのである。というのも、ル・コルビュジエ自身がモデュロールによって計測されるさまざまな大きさを規定するのに、メートルやセンチメートルを使い続けていたからである。ル・コルビュジエは不満であった。私はじゃけんに扱われた。彼はモデュロールを計測器と呼び続けたのだ。
　構うものか！　モデュロールはいろんな比例関係を正確なものにするのに役立つ、とても重宝な道具なのだ。それはちょうど、いろんな音のあいだの関係を正確なものにする、ピアノの調律師のようなものなのだ。ル・コルビュジエがプリンストンでアインシュタインに会ったときにいみじくも言われたように、《それは、よきものを容易にし、悪しきものを困難にする道具なのだ》。
　そして、数学的な特性と同時に、人間の身体にも基盤を置いたモデュロールは、活動や行為を行なう人間を包み込んで、人間自身の足や手やまなざしからなる水平面を空間のなかに確立させる、という《人間的尺度をもった》建築を支え続けているのだ。

音　楽

　空間のなかでのさまざまなかたちの連続した遊動と、これらのかたちの釣り合いや大きさが、音楽がその持続（音の長さ）のなかでつくりだすのと同じようなリズムをつくりだす。つまり建築は空間的な音楽なのである。
　《平面とは、人間による空間の支配である。目を前に向け平面を歩き回ると、知覚は連鎖して生じ、結果として時間を引き起こすのである。知覚とは、交響曲が一連の音の出来事であるのと同じように、一連の視覚的な出来事なのである。すなわち時間、持続、継起、連続は建築のさまざまな構成要因なのである。そのことが放射状（星形）のさまざまな平面を無効にしたり糾弾したりし、そうすることで退廃や堕落の時代を暴きだすのである。平面と断面は、建築を音楽の姉妹にする》[29]。
　ユニテ・ダビタシオンのファサードは、視覚的なリズムの良い実例である。垂直であると同時に水平でもある二重のリズム。アパルトマンの3.66メートルの間口が、まったく均等な張り間を形成し、これらの張り間が水平方向に基本のリズムを与えている。この水平方向の規則正しい区切りのリズムは、さらに複雑な垂直のリズムと直角に交差する。すなわち、その垂直のリズムは、一階もしくは二階建ての屋根つきバルコニーの遊動によって引き起こされており、その垂直のリズムそのものは、手すりの水平帯のつくりだす水平方向の規則正しい区切りのリズムによって断ち切られている。ファサー

ドは垂直方向の動きが奏でる音楽なのである。
　チャンディガールの合同庁舎の建物はそのようなリズミカルな遊動のもうひとつの実例である。
　ひとつの思い出がある。ル・コルビュジエのスケッチにもとづいて私は、クロードとデュヴァルによるメリヤス製造工場の図面をかいていた。この工場はサン＝ディエにル・コルビュジエが建てたものである。骨組みの円柱はガラス壁の内部にある。その間隔は垂直面のなかに、ひとつの区切りのリズムを形成する。ガラス壁はもうひとつの垂直面を形成し、その外側には、垂直の板石によって形づくられたブリーズ・ソレイユ（日除け）がある。これらが、垂直線によって区切られた三つの垂直面である。私はばか正直に、支柱のスパン（柱間）と、ガラス壁の縦枠のピッチと、垂直のブリーズ・ソレイユの間隔とのあいだに、ひとつの共通の尺度を見つけようとしていた。だが、うまく行かなかった。するとル・コルビュジエが私の製図板のところにやって来て、こう言ったのである。共通の尺度なんて探さなくてもいいが、これらの間隔のそれぞれにぴったりの大きさは与えなければならない、と。そして《きれいに納まらない》なら上々だ、と。これらの垂直面は互いに前後重なり合わない。ずれが生じることになる。つまり、ひとつの視覚的な《対位法》が生じることになるのだ。
　《音楽は建築と同じく、時間と空間の芸術である》[28]。

色もまた、音楽や、リズムのなかに導入されるメロディーや、メロディーを支える伴奏の要因である。わたしたちがマルセイユのユニテ・ダビタシオンをスタディしていたときのことだが、私はある日、屋根つきバルコニーの内部に色を塗ろうとル・コルビュジエに提案した。ル・コルビュジエがよい考えだと言ってくれたので、私はうれしかった。彼は細心の注意を払ってこの多色装飾に専念した。彼は自分のチームのメンバーを招集して、彼らにその難しさを次のように説明した。視覚的に互いをつなぐさまざまな色の付いた線や模様でファサードに描くべきではない。色を偶然に割り当てれば、星座を描く星のようなものが生まれる。だから色は偶然に配されたように見えねばならないのだ。これほど困難なことはない、と。そして彼はさらにこう説明した。外部の垂直面を《壊す》ことのないように、色は屋根つきバルコニーの内部にしかつけてはならない、と。しかし最終的に、私は彼が用いた色には失望した。

　音楽の場合と同じようにさまざまな沈黙は、建築的なリズムの一部をなす。それらは建築において大きな重要性を担っている。がらんどうや、がらんどうのかたちだけでなく、装飾のない表面や、開口部のない壁や、リズムの中断や、何もない大きな空間などが、建築における沈黙をなすのである。

　《音楽は沈黙に反するものではなくて、沈黙を補うものなのだ。インディオは音楽を奏でるときに身を隠す。なぜなら

音楽は、言葉よりもいっそう自らの身を危険にさらしてしまうことを、知っているからである》。

現代の音楽家たちは《さまざまな音のヴォリューム》について語る。建築家たちは《さまざまな目に見える持続》について語る。

音楽においてリズムとは、さながら一個の運動する静止のようなものである。建築においてリズムとは、さながら一個の静止した運動のようなものである。

詩

　ル・コルビュジエの、手と思考と生きた存在全体とが行なう、この驚くべき対話のなかでは、美だけでは描く手に対しても、思考する頭に対しても、充分ではない。
　秩序立ち、調和がとれ、リズムのはっきりした、構成の確かな建築は確かに美しい。しかし冷淡で動きがなく生気がない。思考する頭に導かれた、ル・コルビュジエの手は、もっと先に進む。彼の手は美をかき乱す。そうやって手は、美を詩の世界に投げ入れるのだ。
　たとえ、建てられる前にル・コルビュジエによってあらかじめ思考され組み立てられ、完成時の姿が予見されるとしたところで、彼自身は、自分の建築に偶発事が生じることを好んでいた。ときおり彼は、施工の不備を好んだのだ。しばしば私は彼に、そのことを請負業者に言わないように懇願した。しかし彼は、偶然から秩序立ったかたちを壊したり、きちんとした構成をかき乱したりするような、不測の事態や事故を好んだのだ。
　マルセイユでのことだが、陸屋根の屋上に建つ体育館の、円天井の防水層を覆った上塗りに亀裂が入り始めたのである。私は、施工の不備は何であれ、ル・コルビュジエ自身が直接目で確かめるまでは補修してはいけないと指示されていたので、施工業者に待ってもらい、ル・コルビュジエにすぐ来てくれるよう頼んだ。私は不安であった。ル・コルビュジエがやって来た。彼は嬉しそうだった。彼は亀裂によってできた

線が円天井の上に描いた図柄が美しいと、私に教えるかのように言った。そして私に、筆と真っ赤な顔料をもって来て、亀裂を正確になぞって赤い線を引くように命じた。それは冗談ではなかった。赤い線が何本も描かれ、それは体育館の天井にしばらくのあいだ残った。残念ながらやはり、もう一度上塗りしなければならなかったのだが！

いったん秩序立てたのちに、ル・コルビュジエの描く手は、美を超越し、詩の世界に到達するため、この秩序をかき乱してしまうのである。直行するかたちの戯れのなかに、正確に据えおかれた一本の斜線がつくる詩。一本の曲線とひとつの立方体がつくる対比。厳格であると同時に甘美な、そして厳格であるがゆえに甘美な、一本の湾曲した線がつくる詩。調和のなかに置かれた逸脱。

《…構築された作品（建築）から、さまざまな感情を引き起こす存在のあれこれを、すなわち詩的現象の本質的要素の数々を、呼び起こすのだ》[31]。

建築を活気づけ、建築を持続しうるものとし、建築に生命を与えること。それがまさしく、ル・コルビュジエの本当の目的なのである。

『直角の詩』のなかで彼はこう書くのだ。《建築をつくること。それはひとつの生き物をつくることなのだ》[1]と。

生　成

　ル・コルビュジエの人生全体は、ひとつの連続体である。1923年のラ・ロッシュ邸からロンシャンの礼拝堂もしくはフィルミニの教会堂計画案に至るまで、また、サヴォワ邸からチャンディガールの中央官庁建築群に至るまで、ずっと一貫しているのだ。うわべからは、ロンシャンの方がサヴォワ邸よりもしなやかであり、堅固なふうには見えない。ところが、建築というものがよく分かってくると、ちがうのである。ロンシャンやフィルミニの教会堂の、何と厳格なことか。また、サヴォワ邸の、何とやさしさに溢れていることか。ストラスブールの会議場計画案の二重の反りの、何と柔和なことか。

　彼の人生全体は、ひとつの連続体である。七十四枚の手帳をぱらぱらめくってみればよい。何という一貫性、何という統一性が認められることか。ル・コルビュジエのことをこう言うこともできよう。《彼はあるのではない。なるのだ》と。

　人間は二つの傾向に分けられる。大多数の人間は、きのうのことに執着したままである。彼らは模造品しか生みださず、模造した元のものを台なしにしてしまうのである。もうひとつの、少数派の人々は、明日に備え、明日を明示するために、今日の出来事を洞察しようと懸命になるのである。

　《老いてなお元気なままでいるよりは、いっそのこと生まれ変わってしまいたい》[32]

　ル・コルビュジエは来たるべき時と向き合い、それを見据える。

《獲物を追う者は、来たるべき時と向き合うのだ。普通わたしたちは、時が遠ざかるときにしか時を熟視しない。獲物を追う者たちだけが、こうした慣例を変え、自分たちの方に進み寄る時を凛として見据えることができるのだ》[6]。

　最期の瞬間に至るまで、ル・コルビュジエは生成の人生を生き続けたのである。

連続体

　思考と手のあいだを行ったり来たりするその奇妙なやり取りが、ル・コルビュジエの仕事なのだが、それはまた連続したプロセスなのである。そのやり取りはしだいに激しくなる。まず、受けいれることから始まる。次に、目に映るものすべてを全身に行きわたらせる。建設用地と遵守すべき課題を深く理解する。建築を使うことになる人に思いを馳せて彼の身になり、自らを捨て去って彼そのものに成り代わる。事が成るのを待つ。想像力のなかであまりにもはやく浮かんでは消えるさまざまなかたちを記憶にとどめておく。
　この創造的なプロセスそれ自体が、ひとつの連続した手法のいくつかの段階を貫いている。まず、知性と理性のあらゆる可能性を最大限に利用すること。ル・コルビュジエは知的な建築が厳密な数学的推論にほかならないことを望み、1937年のパリ計画案においてビジネス街の中心に建つ摩天楼案のことを、《デカルト様式》と呼んだ。とはいえ、彼は合理的なものを乗り越えたいと思っていた。建築のかたちが整然と組み上げられ組織化されてゆくにつれて、造形的かつ美的なこだわりがしだいに立ち現われてくるのである。そして、その組織は美にまで高められる。それはかたちの組織にほかならず、美的なものとなり、数式で凝り固まった組織に取って代わる。これがすなわち連続的な組織化のプロセスなのである。これこそが思考の段階的進化であり、数式だけの世界から美的な世界へと飛翔するものなのである。

美的な状態、詩的な状態

　私は何年もかけて、ル・コルビュジエの頭や手のなかで生みだされるものを理解しようと試みた。
　芸術家は無意識な状態にあると、しばしば言われる。私はそうは思わない。ものをつくりだす瞬間に、芸術家は《超意識的な》状態になるのだ。それは、合理性のあらゆる可能性を含むものの、場合によってはそれをも越えてしまう思考の状態なのである。それが《超合理的な》状態なのである。それは、もはや何も探そうとしなくても、自然にものが見いだされる状態なのである。それは、思想家や詩人や科学者や創造者のなかでも、とびきり偉大な人々の思考の状態なのである。それは、計算によって確かめる前にすべてを理解するアインシュタインの思考の状態なのである。それは、正体不明であるがゆえに、直観（直感）と呼ばれる。ブランクーシはこう言っていたようだ。《むずかしいのはつくることではない。つくることができる状態になることである》[33]。
　そうしてこの連続体は、さらに遠くへ行くことができるのである。創造者にもっと力があるならば、美的な状態は途方もない欲望に駆りたてられて、思考の詩的な状態へと変化するのである。
　《ここから急に、事物の内部にある、生命の息吹の話になるのだ》[34]。
　空っぽにするのは、ものを入れていっぱいにするためである。息抜きをするのは、創造するエネルギーつまり生の欲動

を生ぜしめるためである。一種の神がかり状態、それは、大声を出して地面の上を転げ回ることを意味するのではない。精神を集中しつつも開けっぴろげで、物静かでありながらも激しい、そういうことなのである。

《…私は神がかり状態に入っている。誰もそのことに気づかない。だけどそうなんだ》[34]。

美的で詩的な状態、それはつくりだされたかたちへと一変することである。それはかたちとしてしか、もはや存在しないということなのである。それは、愛する行為なのである。というのも、人は愛される対象としてしか真に存在しないからである。

言葉に尽くしがたい空間

　ル・コルビュジエにとって重要なのは、《言葉に尽くしがたい空間》に到達するということ、あるいは自らそれをつくりだすということであった。
　《私は言葉に尽くしがたい空間という表現の創造者である。この空間は、人生の途中で私が見いだしたひとつの現実である。ひとつの作品が、強度や比例や施工の質や完成度をぎりぎりにまで高めたとき、言葉に尽くしがたい空間という現象が起きるのである。作品を取り巻く場所が輝き始め、紛れもなく光り輝き続ける。それらの場所においてこそ、私が言葉に尽くしがたい空間と呼ぶもの、すなわち、大きさにではなく質的完成度にもとづくものが決定づけられるのである。これこそまさしく言葉に言い表わせない世界に属するものなのだ》[35]。
　《私は信仰による奇跡は知らないが、言葉に尽くしがたい空間の奇跡をたびたび見ることはある。それこそが造形美による感動の極みなのだ》[36]。
　こうしてル・コルビュジエは喜びを見いだし、それを伝えるのである。
　いつしか誰かが語りうるのだろう。人生の、美しさを、厳しさを、不安を、失望を、苦しみを、悲しみを、勝利の喜びを、やさしく愛し愛されたいという望みを、大いなる苦行を、──そして豊かな実りをもたらすあの反省の念を。
　おそらく失望や不安、そしてそこから生じる悲しみを知る

ことになるであろう。しかしだからこそ、自分の力でそれらを克服し、モーツァルトのように、ル・コルビュジエのように、悲しみを乗り越えて喜びを見いだし、それを皆に与えることができるのだ。

直　角

　ル・コルビュジエの建築はみな、直角にもとづいている。あらゆる方向に同一の物理的性質をもつと考えられる空間のなかに彼は、直交する空間を据えるのだ。彼の平面図はみな、この直交のなかで考えられている。この直交は、太陽のはっきりとした運行に合わせて居を定めることができるときには、南北方向を軸として、そうでないときは敷地のもっとも重要な方向を軸として構成される。ラ・ロッシュ邸、サヴォワ邸、スイス学生会館、1937年のパリ計画、サン＝ディエ計画、ユニテ・ダビタシオン、東京の国立西洋美術館、ラ・トゥーレットの修道院、チャンディガールの中央官庁地区の建物群全体といった、彼の作品はどれも、さまざまな直線や平面やヴォリュームの織りなす複合的な遊動である。とりわけ、ヴォリュームについては、空間上の直交が表わす、単純性と統一性に帰着するといえよう。あらゆるかたちを統合している空間、それは直角であり、また急激に増加する直角である。曲線や斜線やのびのびとしたかたちは実は、これらのものを厳密さのなかに押しとどめているように思える、あの枠組というもののなかに含まれているのだ。アルジェのための《砲弾》計画さえも、超高層のビジネス・タワーに集約されているように、直角にもとづいているのだ。ル・コルビュジエは、景観のなかに取り入れられた紛れもない曲線の数々を、この超高層のビルに厳格に結びつけたのである。

　面に戻ったヴォリューム、線に戻った面、垂直と水平とい

う二つの線に戻った線。そしてこの二つの線は、直角という統一に帰着するのである。

曲線の戯れにしか見えないロンシャンの礼拝堂さえも、直角にもとづいている。そして、その直角は、床の上に黒い線で刻まれ、それによって、身廊の縦軸と、北西と南西の各礼拝堂を結びつける横軸とが示されているのだ。しかしそこでは、この直角はゆがめられている。ル・コルビュジエの手は、横軸に力を入れている。横軸はもはやまっすぐな線ではない。それは、弓のようにぴんと張られ、引きしぼられているのだ。正しい直角とは動きのないものであろうが、変形した直角には、力が込められている。ゆるんだ弓には生気がないが、引きしぼられた弓には位置エネルギーが詰まっている。そして何年かのちに、直角の、その平静な様が、ラ・トゥーレットの教会堂の、きわめて落ち着いた佇まいのなかに見いだされたのである。

手のかたちについてさえも同じである。「開いた手」を描くためにル・コルビュジエは、直角のかたちになるように手を引きのばして描いたのである。

ル・コルビュジエにとって、直角はただ単に建築であるだけではない。それは人間の思考の基盤でもあるのだ。彼はモンドリアンを好んだ。私が思うに、彼はリートフェルトと同じように、モンドリアンに影響されたのである。ル・コルビュジエはモンドリアンのことを《受肉せぬ、姿なき建築家》[37]

と言っていた。
　直角、それは人間の知性であり、重力によって規定された垂直線とか、わたしたちの視線があちこちと揺れめぐったり、無限を求めようとして位置を定めたりする場である水平面とかに、空間を立ち戻らせるものなのである。それは、あらゆる事物の軸であり、それなしでは、わたしたち自身はもとより何をも位置づけることの叶わない参照点である。それは、わたしたちの思考が、自然の、思いがけず、偶然に出来上がった、ときおり渾沌としたありとあらゆるかたちを帰属させる秩序であり、わたしたちが世界を見つめ、何かを考えるときの拠り所となる幾何学的原理なのである。
　また直角は、単にこうした抽象的な観念であるだけではない。それは、自然のなかの人間自身なのである。
　《わたしたちの目の宇宙は
　水平線に縁取られた高原の上に建つ。
　顔を空に向けて　今まで捉えられなかった
　想像の及ばない空間を考えてみよう。
　横になり　寝そべり　眠り　死ぬ。
　地面に背中をつけて…
　だが　わたしは立ち上がった！
　なぜなら君がまっすぐ立っているから
　そうするにふさわしい君がいるのだ。
　捉えることのできるものたちの

大地の高原にすっくと立つ君は
自然とのあいだに連帯の
契約を結ぶ。それが直角
海の前に立つ　垂直に
君はほら　両の脚で立っている》[1]。
　直角、それは人間であり、また宇宙のひとつの大きなしるしなのだ。
《水平線は液体の容量を抑える》[1]
　直角それは、生命のしるしなのである。
　私が父親を亡くしたとき、すなわち1960年の5月19日に、ル・コルビュジエは一通の手紙を私に書き、そのなかで次のように言っていた。
《死は、わたしたちそれぞれの出口なのです。私は皆がなぜ、この出口を堪えがたいものにしているのか分かりません。それは垂直を水平にしたものなのです。つまり、垂直も水平も、互いに補い合う、自然なものなのです》。
　ル・コルビュジエは、こうして極限にまで辿り着き、空間のなかに、究極の直角を引いてみせたにちがいなかった。しかも見事に。1965年8月27日、地中海のほとりにル・コルビュジエは立ち上がった。やがて立ったまま彼は、砂浜へと降りて行った。おそらくは、丸い小石を集めたのであろう。手で、指のあいだで、手のひらにのせて、何年にもわたって磨かれたかたちを知るために。立ったまま、垂直に、彼は海に

入った。それから、海のなかで倒れ、水平になり、死んだのである。

原注および引用文献
（〔　〕は訳者の補足）

（1）　ル・コルビュジエ著『直角の詩』テリアード社、パリ、1955年刊。

（2）　ル・コルビュジエからシャルル・レプラトニエへの手紙──1908年11月25日付け〔正確には22日（日曜日）付け〕。

（3）　ル・コルビュジエから、セーヴル街35番地のアトリエ所員への手紙──1951年11月6日付け、シムラ〔Simla：ヒマラヤ山脈の標高2,200メートルにある、インドの古都〕にて。

（4）　パリ首都圏高速鉄道網（RER）のエトワール駅で開催された、「都市」についての展覧会初日のあいさつに引用された文章──1970年2月20日〔セネカの文章については、この項目の訳注を参照されたい〕。

（5）　国立近代美術館での「ル・コルビュジエ」展カタログ（パリ、1953年刊）のなかのル・コルビュジエの言葉。

（6）　カスタネダ著『イーグルの贈り物』ガリマール社、1982年刊〔参照：カルロス・カスタネダ、真崎義博訳『呪術と夢見──イーグルの贈り物』二見書房、1982年、334頁〕。

（7）　ジュネーヴ美術・歴史館およびパリ装飾美術館での展示会「ル・コルビュジエのタペストリー〔つづれ織〕」展カタログ（1975年刊）のなかのル・コルビュジエの言葉。

（8）　ル・コルビュジエ著『建築をめざして』G・クレス社、パリ、1924年

刊［参照：樋口清訳『建築へ』中央公論美術出版、2003年、5頁。吉阪隆正訳『建築をめざして』鹿島出版会、1967年、26頁］。

(9)　クチュリエ神父のこの引用文は、メモ帳から起こされた。

(10)　モンテーニュ著『エセー』第一書二十五章「プルタルコスに倣って」［参照：原二郎訳『エセー（一）』岩波文庫（ワイド版）、1991年、183頁］。

(11)　ライナー・マリア・リルケ著『オルペウスへのソネット』第二部の五［参照：田口義弘訳『リルケ オルフォイスへのソネット』河出書房新社、2001年、73頁；加藤泰義訳『リルケ　オルペウスに捧げるソネット』芸立出版、1983年、174頁］。

(12)　モンテーニュ著『エセー』第二書十二章「レーモン・スボン氏の弁明」［参照：原二郎訳『エセー（三）』岩波文庫、1966年、247頁］。

(13)　ライナー・マリア・リルケ著『ドゥイノの悲歌』第七悲歌［参照：手塚富雄訳『ドゥイノの悲歌』岩波文庫、1957年、98–99頁］。

(14)　ラジオで聞いたアフリカ人の言い回し。

(15)　ジャック・バルサック監督の映画『ル・コルビュジエ』（シネ・セルヴィス・テクニーク社制作、1987年）に引用された録画インタヴューから。

(16)　ル・コルビュジエ著『ロンシャン礼拝堂のためのテクストとデッサン』フォルス・ヴィーヴ社、ジュネーヴ、1965年刊。

(17)　ジャン・プティ著『ル・コルビュジエ自身』（フォルス・ヴィーヴ社、

ジュネーヴ、1965年刊）に引用されたル・コルビュジエの言葉。

(18)　モンテーニュ著『エセー』第二書一章［参照：原二郎訳『エセー（二）』岩波文庫、1965年、226頁］。

(19)　ユニテ・ダビタオンおよび輝く都市の諸原理については、ニューヨークのガーランド出版局とパリのル・コルビュジエ財団が1983年に共同出版した『ル・コルビュジエ図面集』の「ユニテ・ダビタシオン」が載った第一巻の、A・ヴォジャンスキーによる序文を見よ。

(20)　A・サルトリス著『機能的建築の原理』（ミラノ、1931［正確には1932］年刊）に［序文として］再録された1931年6月10日付けのル・コルビュジエの手紙から。ダニエール・ポリー著『ロンシャン──建築を読む』オフリス社、パリ、1980年刊［p.145］より引用。

(21)　1930年のプリンストンにおける講演の際のフランク・ロイド・ライトの言葉。ミシェル・ラゴン著『近代の建築と都市計画の世界史』第二巻、カステルマン社、1972年刊より引用。

(22)　この文章は、ラッセル・ウォールデン編著『開いた手』MIT 出版社、1977年刊のために、A・ヴォジャンスキーが書いた序文から抜粋した。

(23)　ル・コルビュジエ著『大聖堂が白かったとき』プロン社、パリ、1937年刊［参照：生田勉、樋口清訳『伽藍が白かったとき』岩波書店、1957年］。この文章は1934年に書かれた。

(24)　1936年のローマでの講演会「絵画および彫刻との関係から見た合理主義建築の傾向について」におけるル・コルビュジエの言葉。これは『ア

ルシテクチュール・ヴィヴァント』誌（第七シリーズ、パリ、1936年刊）に再録された。D・ポリー『ロンシャン』（前掲書）［p.122］より引用。

(25) 『老子』——ある建築雑誌で読んだ文章からの引用［参照：金谷治著『老子』講談社学術文庫、1997年刊、43-45頁。老子道徳経上篇11、三十の幅（無のはたらき）］。

(26) サンテグジュペリの言葉。ロベール・オゼール著「ある建築家について」（「建築アカデミー手帖」第一号、1981年刊に掲載の論文）からの引用。

(27) 光についてのこの文章は、いくらか変更を加えられて、下記の展覧会カタログに再録された。『ル・コルビュジエと地中海』（マルセイユ、1987年6-9月）パランテーズ社、マルセイユ美術館、1987年刊。

(28) ル・コルビュジエ著『ル・モデュロール』アルシテクチュール・ドジュルデュイ社、パリ、1950年刊［参照：吉阪隆正訳『モデュロール Ⅰ』鹿島出版会、1976年］。

(29) ル・コルビュジエの言葉。『アルシテクチュール・ドジュルデュイ』誌「ル・コルビュジエ特集号」1948年4月刊所収。D・ポリー『ロンシャン』（前掲書）［p.75］より引用。

(30) J.M.G. ル・クレジオ著『悪魔祓い』スキラ社、ジュネーヴ、1971年刊［参照：高山鉄男訳『悪魔祓い』新潮社、1975年、52頁］。

(31) 1952年のヴェネツィアでの講演会におけるル・コルビュジエの言葉。D・ポリー前掲書［p.122］より引用。

(32) セヴィニェ夫人［Madame de Sévigné 正式には、Sévigné, Marie de Rabutin-Chantal, marquise de. 1626 – 1696 フランスの書簡作家］「1675年6月7日付けのグリニャン夫人への手紙」より［グリニャン夫人 Madame de Grignan（1646 – 1705）は、セヴィニェ夫人の娘。なお、この文章については、この項目の訳注を参照されたい］。

(33) 1987年5月のプラハにおけるシンポジウム「都市のなかの芸術」に際して、ダン・ハウリカによって引用された言葉。

(34) ル・コルビュジエによる、1955年8月28日付けの、「抽象」という見出しの手書きのノートより。

(35) ル・コルビュジエの、ラ・トゥーレット修道院で記録された会話。『アルシテクチュール・ドジュルデュイ』誌の1961年6 – 7月合併号に再録。

(36) ル・コルビュジエ「言葉に尽くしがたい空間」。前掲の『ル・モデュロール』に引用された。

(37) 『ラ・ガゼット［・リテレール］・ド・ローザンヌ』紙、1965年9月4日および5日号のなかの、アンドレ・クエンツィの記事から。

訳注

背丈

セーヴル街35番地：35 rue de Sèvres　ここにル・コルビュジエは、いとこのピエール・ジャンヌレとともにアトリエ、すなわち建築事務所を開いた。このアトリエは、旧イエズス会修道院の二階の廊下部分を使っていた。セーヴル街（セーヴル通り）の奇数番地はパリの6区にある。

性格

マルセイユのユニテ・ダビタシオン：l'Unité de Marseille　ユニテすなわちユニテ・ダビタシオン Unité d'Habitation とは、ル・コルビュジエの考案した集合住宅の名称。マルセイユ（南仏の大港湾都市）のそれは一連のユニテの最初のもので、1946年に着工、1952年に竣工。ナントのそれは1955年、ベルリンは1958年、ブリエは1963年、フィルミニは1967年に、それぞれ完成した。Unité d'Habitation を、強いて日本語に訳せば「住居単位」となる。「輝く都市」の項参照。なお、この項を含め、ル・コルビュジエの作品の製作年については、Deborah Gans 著 *The Le Corbusier Guide*, Third Edition, Princeton Architectural Press 2006年刊を主に参照した。

デカルト：René Descartes 1596−1650　合理主義的思考法を確立した哲学者。

つかむこと

マルタ：Marta　ヴォジャンスキーの妻である、マルタ・パン Marta Pan（1923生）のこと。ハンガリー生まれの彫刻家。高松宮殿下記念世界文化賞（第13回、彫刻部門）を2001年に受賞した。二人の結婚は1952年。

パック：Puck　この犬の名は、シェイクスピア『真夏の夜の夢』に登場する、いたずら好きの小さな妖精の名から採られたのかもしれない。

サン＝レミ＝レ＝シュヴルーズ：Saint-Rémy-les-Chevreuse　パリ近郊、イル＝ド＝フランス地方、イヴリーヌ県の町。この自宅は1952年に完成。マルタの彫刻用アトリエともなった。ヴォジャンスキーは1991年以降、ここだけをアトリエとして使用した。

努力

パンジャブ州：Pendjab　インド北部の州。チャンディガール（Chandigarh）は、この州の州都。チャンディガールはチャンディーガルとも。

セネカ：Sénèque（Seneca）前2頃－65　古代ローマ、ストア派の哲学者、政治家。ネロ帝の師。ここの引用文は『倫理書簡集』（ルキリウスへの手紙。116の8、第十九巻）からのものと思われる。邦訳書（『倫理書簡集Ⅱ』岩波書店、2006年刊）の338頁には「そうしたくないというのが真の原因であって、できないというのは言い訳にすぎない」とある（大芝芳弘訳）。

苦味

レプラトニエ：Charles L'Eplattenier 1874－1946　アール・ヌーヴォーに

影響された画家。スイスのラ＝ショー＝ド＝フォン工芸学校の教師。若い頃のル・コルビュジエ（本名シャルル＝エドゥアール・ジャンヌレ）に決定的な影響を与えた。「努力」の項目に、ル・コルビュジエがレプラトニエに送った手紙の一部が引用されている（原注2）。

率直さ

ヴォージュ山地：Vosges　フランス北東部の山地。西にロレーヌ高原、東にアルザス平野が拡がる。ヴォジャンスキーは、この地方の小さな町ルミールモン（Remiremont）の生まれ（1916年6月3日）。

クチュリエ：Marie-Alain Couturier 1897-1954　自身芸術家でもあった神父。オーギュスト・ペレが設計した、パリ近郊にあるル・ランシーの、ノートル＝ダム教会堂のステンドグラスの大型下絵をかいたことでも知られる（1924年）。シャガールやレジェの友人でもあった。なお、ロンシャンの教会堂は、1955年に完成。

ピカソ

ピカソ：Pablo Picasso 1881-1973　ピカソがマルセイユの現場を訪れたのは、1949年の9月のことである。

純粋無垢

《お偉がた》：les édiles　市長や市の幹部役人や市会議員などのこと。元々

は古代ローマにおいて、公共の建物や道路や食糧などを管理した役人のこと。

モー：Meaux　パリの東、マルヌ川右岸にある郡庁所在地。

ラ・ロシェル：La Rochelle　フランス西部の海港都市。

ソルタン：Jerzy Soltan　1945年にル・コルビュジエのアトリエに入所した。

ひとりと沈黙

イヴォンヌ：Yvonne　本名 Jeanne Victorine Gallis　1892-1957　モナコ人。1922年にル・コルビュジエと出会い、1930年12月18日に結婚した。イヴォンヌは通称。

喜び

パスティス：Pastis　水で割って飲むアニスの香りをつけた食前酒。ういきょう酒。

ラブレー：François Rabelais　1494頃-1553　フランス・ルネサンス期の代表的作家。

モンテーニュ：Michel de Montaigne　1533-1592　作家、モラリスト。ボルドー市長も務めた。

巨匠の仕事ぶり

ムザブ地方：M'zab　アルジェリア南部のオアシス地帯。

ペリアン：Charlotte Perriand 1903−1999　フランスの女流インテリア・デザイナー。1927−37年および1945−52年に、ル・コルビュジエのアトリエで働いた。1937−40年にはピエール・ジャンヌレと協働した。1940−42年、坂倉準三の招きで日本に滞在した。

ジャンヌレ：Pierre Jeanneret 1896−1967　1922年ル・コルビュジエと建築事務所（アトリエ）を開き、1924年の9月18日、セーヴル街35番地に、この事務所を移す。ここで1940年まで共同で働いた。1951−65年のあいだ、チャンディガールの仕事で再びル・コルビュジエに協力する。

輝く都市

ブリエ：Briey　ロレーヌ地方の町。鉄鉱石の産地。

フィルミニ：Firminy　フランス中部の小さな工業都市。

ルゼ＝レ＝ナント：Rezé-les-Nantes　ナント南部の町。

もうひとりの建築家

ペレ：Auguste Perret 1874−1954　フランスの建築家。鉄筋コンクリ

ト構造の主要な開拓者のひとり。ル・コルビュジエは、ペレの事務所で1908年2月から1909年末まで働いた。

キャンディリス：Georges Candilis 1913 – 1995　1946年にル・コルビュジエのアトリエに入所した。カンディリスとも。

歴史

ポルト・マイヨー：la Porte Maillot　凱旋門から西方へのびるグランダルメ並木大通りが、パリ旧市壁外のシャルル・ド・ゴール（ヌイイ）大通りに変わる地点。

ヴォワザン計画：le plan Voisin　自動車会社の経営者、技師のヴォワザン（Gabriel Voisin 1880 – 1973）の名を採った、ル・コルビュジエのパリ都市計画案。ヴォワザンはヴザンとも。

パルテノン：Parthénon　アテネのアクロポリスの丘にあるギリシャ神殿。

ブルネッレスキ：Filippo Brunelleschi 1377 – 1446　フィレンツェのドゥオーモの大ドームなどで有名なイタリアの建築家。

美術学校：l'Ecole des Beaux-Arts　フランス革命後に創設された国立美術学校。

パンテオン：Panthéon　18世紀にスフロによって設計されたサント＝ジュヌヴィエーヴ教会堂。革命後の1791年に、フランスの偉人を合祀する霊廟となり、こう呼ばれるようになった。パリ左岸に建つ。

ペディメント：fronton　古典建築の切妻壁。三角破風。

コーニス：corniches　軒蛇腹。軒下の水平装飾帯。

ドラム：tambour　ドームの高さを増すために、ドームの下につけ、ドームを支える円筒状の部分。

スフロ：Jacques-Germain Soufflot 1713-1780　ヨンヌ県イランシ生まれの、フランスの建築家。1738-55年はリヨンで、1755年にパリのサント＝ジュヌヴィエーヴ教会堂の主任建築家になって以後は、パリでも活躍した。

普遍

ラスコー：Lascaux　フランスのドルドーニュ県、モンティニャック村の南方にある。壁画は1940年の9月12日に偶然発見された。

エドフの、タカの姿をしたホルス神の神殿：le faucon Horus d'Edfou　ホルス神は古代エジプトのタカの姿（タカ頭）をした太陽神。エドフは、上エジプト、ルクソールの南約110ｋmのナイル川西岸の町。この神殿は、プトレマイオス朝時代（前305頃-前30）の建造（前237-前57）。保存状態がよい。

カルナックやデイル・エル-バハリの神殿：les temples de Carnac ou de Deir el-Bahari　カルナックは、上エジプトの村。ルクソールの北のナイル川東岸にあり、アモン大神殿やコンス神殿、ムート神殿などがある。デイル・エル-バハリは、テーベ西地区、カルナック神殿の対岸。第十八王朝

ハトシェプスト女王（前1490-前1468）の葬祭殿で知られる。

モンテ・アルバン：Monte Alban　メキシコ南部、オアハカ州の中央に拡がる谷間を中心に栄えたサポテカ文化の代表的遺跡。

竜安寺の石庭：le jardin de pierres du temple Rioanji　京都市右京区。1450年細川勝元が創立。石庭は、およそ200㎡の平地に、大小十五個の石を五群に分けて配置してある。

ル・トロネの大修道院：l'abbaye du Thoronet　南フランス、ヴァル県、ロルグの南西9㎞の山中にある修道院。12世紀初めのクレルヴォーの聖ベルナールの教えによって、彫刻や絵画で飾られた当時の教会建築を非難し、いっさいの装飾を排除した簡素な教会堂を建てたシトー会の代表的な建物。1160-75年の建設。

サヴォワ邸：la villa Savoy　パリ近郊のポワシーに建つ。1929-31年。

モーツァルト：Wolfgang Amadeus Mozart 1756-91

機能主義

サルトリス：Alberto Sartoris 1901-1998　トリーノ出身のイタリアの建築家。1923年にジュネーヴの美術学校を卒業。1945-73年、ローザンヌの建築学院の教師を務めた。
　原注20のル・コルビュジエの文章を、ヴォジャンスキーの引用の典拠となったポリーの著作の145頁からひろってみると、その全体は以下のようである。… pour moi, le terme architecture a quelque chose de plus sorcier

que le rationnel ou le fonctionnel, quelque chose qui domine, qui prédomine, qui impose.（私にとって、建築という言葉には、合理的なものや機能的なものよりももっと理解しがたい何ものか、すなわち、他を支配し、他よりも優れ、そして他を威圧する何ものかがあるのです）。ヴォジャンスキーの原著では、le fonctionnel までが引用されている。しかし、a が à になるという誤植のため、文章が分かりにくくなってしまっている。さらに、*Le Corbusier une encyclopédie*（『ル・コルビュジエ事典』）, Editions du Centre Pompidou, Paris 1987の「Sartoris」の項目がある364頁では、上述のフランス語は以下のようになっており、若干変わっている。Pour moi le mot *architecture* a en lui quelque chose de plus magique que le rationnel et le fonctionnel, quelque chose qui domine, qui prédomine, qui s'impose.（私にとって建築という言葉には、合理的なものや機能的なものよりももっと不思議なもの、すなわち、他を圧倒し、他よりも優れ、そして必要不可欠なものがあるのです）。

サルトリスのこの原著 *Gli elementi dell'architettura funzionale,* Ulrico Hoepli 社刊, Milano（現在入手しうる1941年版は、世界の古書市場で820ユーロもする！）を、九州大学附属図書館芸術工学分館のご好意により借用して見たところ（ただし1935年刊の第二版）、ル・コルビュジエの序文の上記の部分は（伊語文で）次のようになっていた（2006年6月15日確認）。… per me la parola architettura ha in sè qualcosa di più magico che il razionale e il funzionale, qualcosa che domina, che predomina, che si impone.（p. 1 より。ただし sè は sé の誤り）。この文章は『ル・コルビュジエ事典』の仏語文を忠実に翻訳しており、これより、『ル・コルビュジエ事典』の文章の方が正確であることが明らかになった。とはいえ、うがった見方ではあるが、『ル・コルビュジエ事典』の方が、この伊語の文章を忠実に仏訳したものだと考えると、ポリーの文章も正しいのではないかと思われる余地もある。しかし、それはいささか無理があろう。

　ル・コルビュジエは断わったにもかかわらず、結局、このル・コルビュ

ジェの手紙が、序文の代わりになった。

機械

ライト：Frank Lloyd Wright 1869–1959

空間

あらゆる方向に同一の物理的性質をもった：isotrope 「等方性の」と一般に訳される、物理学の用語。名詞は isotropie.

アインシュタイン：Albert Einstein 1879–1955

ミンコフスキー：Hermann Minkowski 1864–1909　ロシア生まれのドイツの数学者。彼のいわゆるミンコフスキー空間（Minkowski world or univers）とは、第四座標が時間で、1事象が1点で表わされる四次元空間のこと。

メトープ：metope　ドリス式神殿でのフリーズにある小壁面のこと。トリグリフ（縦溝）に挟まれている。

ティンパナム：tympan　ギリシャ神殿などでは、ペディメントの水平および傾斜コーニス（蛇腹）で囲まれた、三角形の部分のこと。中世の教会堂などでは、出入口上部の水平楣とアーチのあいだにある部分のこと。タンパン、三角小間とも。

ポーチ：porche　玄関部分。

美しい

欲動：pulsion　人間を行動へと駆り立てる内在的な力（『広辞苑』第五版より）、あるいは人間を常に行動へと向ける無意識の衝動（『大辞林』第二版より）。フロイト（1856 – 1939）学説の用語。「美的な状態、詩的な状態」の項にも出てくる。

表皮

ル・コルビュジエ・センター：le Centre Le Corbusier　ハイジ・ヴェーバー（Heidi Weber）のためのパヴィリオン、あるいは「人間の家」とも呼ばれる。1967年に完成。

がらんどう

ラ・トゥーレット修道院：le Couvent de la Tourette　リヨン近郊のエヴー（Eveux）にある。正式名称はLe Couvent Sainte-Marie de La Tourette. 1956 – 60年。設計は1953年に開始。

ナンジェセールとコリ

ナンジェセールとコリ：Charles Nungesser 1892 – 1927, François Coli

1881 – 1927　両者とも従軍パイロット。1927年の5月8日、北大西洋の無着陸横断（パリからニューヨーク）を試みたが、ノルマンディー地方のエトルタ上空で目撃されたあと、二人とも消息を絶った。北アメリカにまで到達したとされる。なお、このほぼ二週間後の5月21日、チャールズ・リンドバーグ（1902 – 1974）が、ニューヨークからパリまでの大西洋単独無着陸飛行に初めて成功した。この二人の名が付けられた通りは、パリの16区にある。また、このアパートすなわちアパルトマンは、1934年に完成した。ヴォジャンスキーは、1973年に自らのアトリエをここに移した（1991年まで）。なお、アパルトマン appartement は複数形で集合住宅の建物全体、もしくはそのなかの複数の住居を表わす（この項目では l'immeuble d'appartements となっている）が、単数では集合住宅の一単位である、数室からなる住居を指す。ここではアパートは、集合住宅の建物全体を指す。

巨匠の母親

ル・コルビュジエの母親の名は、マリー゠シャルロット゠アメリ・ジャンヌレ゠ペレ Marie-Charlotte-Amélie Jeanneret-Perret 1860 – 1960。ル・コルビュジエの父親ジョルジュ゠エドゥアール・ジャンヌレ゠グリ Georges-Édouard Jeanneret-Gris （1855 – 1926）とは、1883年5月11日に結婚した。

ヘンデル：Georg Friedrich Haendel 1685 – 1759　ドイツ出身の英国の作曲家。

アルベール・ジャンヌレ：Albert Jeanneret 1886 – 1973

モデュロール

モデュロール：Modulor 「黄金尺」の意。「黄金比」と「フィボナッチ数列（最初の二項が1，1で、あとは先行する二項の和を次の項とする数列）」と「人体寸法」を組み合わせた、建築およびデザイン用の、尺度あるいは寸法表。身長1829㎜の標準人体をとり、ヘソまでの高さ1130㎜、ヘソから頭までの高さ698㎜、手をあげたときの頭から手先までの高さ432㎜が、黄金比の数列をなすことを基本として、＜6,9,15,24,39,63,102,165,267,432,698,1130,1829…＞および＜11,18,30,48,78,126,204,330,534,863,1397,2260…＞の二種の物差しがつくられる（『新潮世界美術辞典』、1985年刊、1485頁より）。

ミケランジェロ：Michel-Ange（Michelangelo）1475－1564　カピトリウムの丘（le Capitol, Campidoglio）は、ローマの七つの丘のひとつ。ユピテル神殿のあった聖地で、現ローマ市役所の所在地。ここでいう建物とは、ミケランジェロが設計した、この市役所のこと。ミケランジェロは現在美術館となっている二つの建物も設計し、これら三つの建物が建つ広場は、カンピドリオ広場と呼ばれる。中央にマルクス・アウレリウス帝の騎馬像（レプリカ）がある。

セザンヌ：Paul Cézanne 1839－1906

ギカ：Matila Ghyka 1881－1965　1931年パリ刊の『黄金分割数』などの著作で知られる。

オジャム：Roger Aujame 1922生　1940－49年にル・コルビュジエのアトリエの所員であった。

アニング：Gérald Hanning　1939－44年にル・コルビュジエのアトリエの所員であった。

シュパイザー：Andréas Speiser　ヴォジャンスキーは数学者としているが、ジャン・ジャンジェ編の『ル・コルビュジエ書簡集』（ビルクホイザー社、2002年刊）の532頁によれば、シュパイザーは医者で、ラ・ロッシュ邸の施主の銀行家ラウル・ラ・ロッシュの義理の兄弟と書かれている。

フィボナッチ：Leonardo Fibonacci 1170頃−1250　インド・アラビアの数学をヨーロッパに紹介した、イタリアの数学者。二つのフィボナッチ数列は、原文で deux séries de Fibonacci.

音楽

デュヴァル：Jean-Jacques Duval 1912生　このデュヴァルのメリヤス工場は、1947年の着工、1951年に完成。

サン゠ディエ：Saint-Dié　ヴォージュ山地西麓の郡庁所在地。

対位法：contrepoint　元々、作曲技法のひとつで、二つ以上の独立した旋律を互いに響き合うように組み合わせること。バッハのフーガで頂点に達したといわれる。

生成

《老いてなお元気なままでいるよりは、いっそのこと生まれ変わってしまいたい》：《Il vaut mieux reverdir que d'être toujours vert》　セヴィニェ夫人のこの文章の前には、次のように書かれている。Ce que vous dites des arbres qui changent est admirable. La persévérance de ceux de Provence est triste et ennuyeuse;（あなたの、季節ごとに趣きを変える落葉樹のお話は、すばらしいわ。プロヴァンスの木々ときたら、いつも同じ緑だから、陰気で退屈なんですもの）[Madame de Sévigné : Correspondance, tome I, mars 1646-juillet 1675, texte établi, présenté et annoté par Roger Duchêne, Editions Gallimard, 1977 (1ère éd. 1972) p.727より]。それゆえ、Il vaut mieux reverdir que d'être toujours vert は、普通に訳せば、「いつも変わらず緑であるよりも、生まれ変わってもう一度緑になる方がいいわ」（下線部訳者）となる。つまり、常緑樹よりも落葉樹の方がよい、いつも緑のままの木々よりも、季節に応じて姿を変え、初夏の頃には新緑となって甦るという変化、すなわち「生成」を見せてくれる木々の方がよいということである。転じて、いつまでも若い（vert ＝緑）よりも、変化・生成する（reverdir）人生を送りたいという意味になろう。

美的な状態、詩的な状態

ブランクーシ：Constantin Brancusi 1876－1957　ルーマニア出身の彫刻家。

直角

ラ・ロッシュ邸：la villa La Roche　1923－25年。音楽家であった、ル・コルビュジエの兄のアルベール・ジャンヌレのための家と並び、ラ・ロッシュ＝ジャンヌレ邸と一般に呼ばれている。現在ル・コルビュジエ財団が入っている。パリ16区に建つ。訳者あとがき参照。

スイス学生会館：le Pavillon Suisse　パリ南部の国際大学都市に建つ。

1930–33年。東京の国立西洋美術館は1959年に完成。

アルジェのための《砲弾》計画：le Plan《Obus》pour Alger　この計画は、1932年12月に始まり、このときの計画案Aから、翌年の計画案B、そしてC、Dを経て、1939年の計画案Eまでいくつもの案が練られた。Bからすでに高層ビルを核とし、道路をダイナミックに組み合わせた計画案であった。ル・コルビュジエ自らが命名した《砲弾 Obus》とは、この道路の流れを砲弾の弾道にたとえたからであろうか。

モンドリアン：Piet Mondrian 1872–1944　オランダの画家。抽象絵画の先駆者。《受肉せぬ、姿なき建築家》と訳した言葉は、原文では《architecte non incarné》。

リートフェルト：Gerrit Thomas Rietveld 1888–1964　オランダの建築家、家具デザイナー。

訳者あとがき

本書は、スイス出身のフランスの偉大な建築家、ル・コルビュジエの生誕百年を記念して、パリのグルネル社（Editions de Grenelle）から1987年に出版された André Wogenscky 著 *Les mains de Le Corbusier* の全訳本である（もっとも、原書には出版の日付けがない）。巨匠ル・コルビュジエ（1887-1965年）をめぐるさまざまな追想を、その一番弟子とも言えるアンドレ・ヴォジャンスキーが、長短織り混ぜた五十の項目にまとめ上げたものである。いずれも、なかなかに味わい深い文章で、ル・コルビュジエという巨匠の姿を直視したり、はたまた、この巨匠をとおして、深い哲学的洞察とも呼べる思考を披瀝したり、とにもかくにも興味深い本となっている。

訳者はこの原書を、1988年に日本の洋書店（今はない！）から私の勤務する大学で購入し、その十二年後の2000年の10月に、パリのとある書店で二冊目を私費で購入した。しかし、研究室に二冊も所有しておきながら、じっくり読むこともなく、ましてや翻訳出版のことを考えることもなく、無駄に五年余り（公費で購入したときからなら実に十八年！）の月日が流れていった。ところが、今年の3月に、MIT 出版から、この原書の英訳本（*Le Corbusier's Hands*, Martina Millà Bernad 訳）が刊行されたことを知り、さっそくこれを取り寄せ、この本そのものの重要性に改めて気づかされたのであった。折りしも、同じ1987年に出版された大部な『ル・コルビュジエ事典』の日本語版が来年早々にも刊行されることが決まり、この翻訳に参加している私としては、きわめて感慨深いものがある。英訳本は、原著にはまったくない図版を何枚か載せている（といってもスケッチが多い）。この邦語版にも、その典拠となった『直角の詩』等から、図版を転載した。なお、原書（フランス語）は、もう絶版になっているが、独語版が仏独両語の対訳のかたちで、*Le Corbusiers Hände* の名のもとに、Franz

Schneider Brakel の編集で、ケルンの Verlag der Buchhandlung Walther König から2000年に刊行されている。この独語版は大型本（Ａ４版）で、『直角の詩』から七枚のカラー図版を採り入れ、Jürgen W. Braun による序文と「Staunende Hände（驚く手）」なるあとがき的な文章が加えられている。また、巻末にはこの本を企画した建築家 O. M. Müller へのヴォジャンスキーからの直筆の感謝の言葉（1998年11月11日付け）が、ヴォジャンスキーの写真ともども掲載されている。そこには、こう書かれている。「親愛なる O. M. ミュラー様 私の書『ル・コルビュジエの手』の独訳に対して、ぜひともあなたに感謝したいと存じます。何であれ翻訳というものはむずかしいものです。とりわけ、思い出だけでなく気持ちまでをも翻訳しようとするときには」と。もっとも、この本も今は絶版である。さらに、2004年に、ローマのマンコス社から、伊語版も出ている（*Le Mani di Le Corbusier,* Mancosu editore）。この伊語版には、Valerio Casali の序文と、その母親で、原書の翻訳者である Brunetta De Angelis の注記（息子の Valerio Casali とともにナンジェセールとコリ通りのヴォジャンスキーのアパートを1989年12月に訪ねたことやヴォジャンスキーに原書の伊訳本の刊行の許可をもらったことなどが書かれている）、さらにはヴォジャンスキー本人による、原書に図版がなかったことの理由（文章だけで自らの、師に対するイメージや考えを表現したかった）や Casali の選択によって図版を載せることになる伊訳本の意義を述べた、1993年７月19日付けの直筆の文章（およびその伊訳文）と、Nicoletta Trasi のあとがきが加えられている［このあとがきによれば、原書のチェコ語版が1991年 Michal Novotny の編纂によりプラハで出版されている］。

　さて、それでは、英訳本に載せられた著者案内などを参考にして、著者のアンドレ・ヴォジャンスキーについて簡単に紹介したい。

　ヴォジャンスキーは、1916年の６月３日にヴォージュ山地の町で生まれ、姉が四人、弟が一人おり、父親はポーランド人を祖先とした。一家は1919

年パリに移り、弟はここで生まれた。1934-44年、パリの国立美術学校（エコール・デ・ボザール）に通った。「背丈」の項目にあるように、（在学中の）1936年にル・コルビュジエのアトリエにドラフトマンとして入り、実質的に1956年まで、実に二十年余りの永きにわたって、ル・コルビュジエの許で働いた。1945年からはこの事務所（l'Atelier Le Corbusier-Pierre Jeanneret）の主任（Chef）となり、1957年の辞職までこの任にあった。とりわけ重要なのは、いくつものユニテ・ダビタシオン(Unités d'Habitations)をル・コルビュジエとともにつくり上げたことであろう。1956年に、パリで自身のアトリエを開き、1957年正式にル・コルビュジエのアトリエを辞職する。そのときの9月4日（水曜日）付けのル・コルビュジエ宛の手紙には、Ne croyez pas qu'il s'agisse d'un coup de tête. C'est au contraire une décision bien refléchie.（軽はずみな気持ちで辞めることを決めたと思わないで下さい。それどころか、よくよく考えたうえでの決断なのです）という文章がある。自身の作品としては、「つかむこと」の項目にあるように、サン＝レミ＝レ＝シュヴルーズの自邸（1950-52年）に始まり、ひとり立ち以降の、パリのネッケル病院医学部校舎（1963-65年）、グルノーブルの文化センター（1965-67年）、レバノンのベイルート大学マスタープラン（1967-76年）などが挙げられる。そして特記すべきは、1981年から1987年にかけての、日本の宝塚造形芸術大学の建設であろう（1992-98年拡張）。英訳本の記述によれば、ヴォジャンスキーの作品は、セーヴル街でのル・コルビュジエの事務所（アトリエ）の戦後の建築用語と人間中心主義の姿勢とを、1970年代および1980年代に拡大して適用し、ヴォジャンスキー自身が「生き生きとした建築 l'architecture active」と呼ぶことを好んだものを生みだしていったのである。またヴォジャンスキーは「ナンジェセールとコリ」の項目に出てきた、これら二人の名を採った通りの24番地のアパート（アパルトマン）内にあった、かつてのル・コルビュジエの自宅住居と絵画用アトリエを、自らの住居兼アトリエとして、1973年から1991年まで住んだ。（伊語版の訳者たちと同様に）何人もの日本の建築家た

ちがこのアパートの見学に訪れ、ヴォジャンスキーに直接会ったことであろう（残念ながら私はそうではなかった！）。

1971年から1982年までは、前任者のガブリエル・シェロー（Gabriel Chéreau 1909 生）の後任として、ル・コルビュジエ財団（La Fondation Le Corbusier 略称 FLC）の第二代理事長を務めた。（余談だが、このル・コルビュジエ財団の置かれたラ・ロッシュ＝ジャンヌレ邸は、パリ16区のドクトゥール・ブランシュ広場にあるが、訳者は、二十数年前のパリ留学の際、大学都市の日本館に入れず、この建物のごく近くのラッフェ街のアパートの二階に住んでいた。何という偶然か！［最寄りのメトロはジャスマン Jasmin 駅］）。そして1987年に、ル・コルビュジエ生誕百周年を記念して、自らの師匠をしのぶ、この記念すべき『ル・コルビュジエの手』を出版したのである。1991年からは、サン＝レミ＝レ＝シュヴルーズの自宅をアトリエとしてなおも旺盛な制作活動を繰り拡げ、2004年の8月5日に死去した。

なお、『ル・コルビュジエ　パリ、白の時代』（エクスナレッジ社、2004年刊）の、95頁には、亡くなるおよそ半年前の2004年2月20日（金）に行なわれた、パリ郊外の自宅での山名善之氏によるインタビューに対して、ヴォジャンスキーが、この『ル・コルビュジエの手』を日本に伝えてもらいたいと語っているのが載っている。ヴォジャンスキーのこの願いを叶えることができた今、感慨深いものがある。また、マルタ・パン未亡人は、この邦訳本の出版を、大変喜んでいるとのことである。

ヴォジャンスキーの研究書としては、Paola Misino, Nicoletta Trasi 共著 *André Wogenscky:Raisons profondes de la forme,* Le Moniteur, Paris 2000年刊や Annick Pély-Audan 著 *André Wogenscky,* Cercle d'Art, Paris 1998年刊などがある。なお新しい情報であるが、先ほど絶版になっていると書いた原著は、2006年の9月に、上述のヴォジャンスキーの研究書を刊行したパリのル・モニトゥール社から復刊されるようである（Amazon.fr および Fnac.com による）。

本書の刊行に関しては、中央公論美術出版の小菅勉社長に深甚なる感謝の意を表わしたい。1997年に『理性の時代の建築―フランス篇―』を出版して以来、平凡な空白の時代を送ってきた訳者の、久々の勝手な要望をあたたかく受けいれて頂いた。まもなく出版されることになる『ル・コルビュジエ事典』とも関連深いこの本の出版の意義を認めて下さったことを心から喜びたい。

　本書の翻訳ならびに入力については、訳者の研究室のドクター・コース院生、笠原英明君と名津井卓也君に協力してもらった。短い期間であったが両君との翻訳ゼミはとても楽しい時間で、久々に本を出版する私に、大きな力を与えてくれた。とりわけ名津井君には、いくつかの項目の下訳から入力、文献探しに至るまで、かなりの苦役を与えてしまった。この場を借りて、両君に感謝の念を表わしたい。

　この『ル・コルビュジエの手』の邦語版――それはチェコ語版、独語版、伊語版、そして英語版に続くものである――は、偉大な建築家の「手」を中心に謳われた、一番弟子の日本語訳でのオマージュである。この邦訳本が、日本のあまたのル・コルビュジエのファンを越え、建築のファンを越え、一冊の人生読本（ちょっと言いすぎでしょうか？）として（何十万人もの！）多くの人々に読まれることを願ってやまない。本当に！

　　　2006年6月

　　　　　　　　　　　　　　　　　　　　　　　　　　　　白井秀和

アンドレ・ヴォジャンスキー	
ル・コルビュジエの手	©

平成十八年十一月二十日 印刷
平成十八年十一月二十五日 発行

訳者　白井　秀和
発行者　小菅　勉
印刷
製本　凸版印刷株式会社

中央公論美術出版

東京都中央区京橋二丁目八ノ七
電話　〇三─三五六一─五九九三

用紙　王子製紙株式会社

ISBN 4-8055-0530-3